上空から撮る裏富士（P.58）

公認サンタクロースとモンタクロース（P.128）

天草エアラインATR初就航（P.128）　撮影／角田明子

くまモンとよそモン（P.128）　撮影／角田明子

うどんですかい、らーめんですかい、そばですかい（P.84）

金子哲雄先生と行く妄想国際線（P.198）

飛行機にノルウェー（P.6）

年末恒例目的外搭乗（P.86）

年間最多搭乗1022回
「ヒコーキの中の人」が贈る
空の過ごし方

パラダイス山元の
飛行機のある
暮らし

はじめに

飛行機にノルウェー

2016年元旦フライトの復路便、デュッセルドルフ－成田間、プレミアムエコノミークラス、Wi-Fiのつながらないボーイング787の飛行機の中で、この本を書いて**暮らしています**。後ろの、**トイレの3重奏**が大変賑やかです。

前作『パラダイス山元の飛行機の乗り方』同様、本書は、すべて**機内で書き上げるという掟**を、自らに課しました。そのおかげで、しばらく、仕方ない状況の中、地上で生活していると、締め切りを大幅に過ぎる事態となり、今度は、この本を書くという目的を持って、元旦、羽田からパリ行きに搭乗しました。

本来なら、「目的地へ訪れるという目的」などは決して定めず、飛行機で暮らすがごとく、ただ純粋に搭乗することそのものが楽しみでしたのに、最初から執筆目的の搭乗とわかっているのは、少々ツライものがあります。

年間1000回以上、飛行機に暮らすように乗っているなんて異常だ！　と決めつけてかかったり、毎年ダイヤモンドメンバー資格を更新、維持していることにどれほどの意味があるの？　などと言われたりします。

「本当に、天草エアラインのCAは全員そんなにかわいいの？」

それはもちろん、みなさんかわい過ぎます。天草エアラインの社員一丸となったフレンドリーなおもてなしは、私も関わらせて頂いた機体の塗り替えがきっかけで全国区へと知名度を上げました。私が捻くり出したアイデアの中でも、前例がないという理由で一度は社内で否定された、天草エアライン10区間連続搭乗航空券「**パラダイス運賃**」も、フタを開けてみたら大評判でした。日本初就航のATR機のカラーデザインにも関わらせて頂きました。

小学校の女性担任から叱られてばかりだったので、50歳を過ぎて、褒められて伸びる子なんだと、再認識することができました。感謝しています。

2016年1月10日、ノルウェーのリレハンメルで、ひとりの女の子から、「コンニチハ、ゲンキデスカ」と挨拶されました。「となりのトトロ」で日本に興味を持ち、それから、アニメだけでなく日本のポップカルチャーも好きになったそうです。どうしてそんなに日本のことが好きかと聞くと、即座に「日本はクールだから」と返ってきました。**安倍総理の口以外**から初めて、もしかして外国の人から初めて、クールジャパンという言葉を聞いたかもしれません。嬉しかったですね。夢は「飛行機に乗って、日本へ行くこと」だそうです。「サンタさん、今年のクリスマスプレゼントは、日本までの飛行機のチケットとジブリ美術館のチケットと、えーと、それから秋葉原に近いホテルと……」無邪気におねだりされまくって、ちょっと動揺してしまいました。

現在、ロシア連邦ブリヤート共和国上空、バイカル湖の南を航行中です。液晶ブラインド窓のスイッチをピコピコ押して地上を見ると、凍てついた真っ白なシベリアの大地が広がっています。まだ成田まで4時間もあるというのに、このあたりは、日本との時差が±0時間です。どこの家でも職場でも、**餃子のルーツ**である「ブーザ」を食べているお昼休みでしょう。荻窪の自宅から、新江の島水族館ではなく、羽田空港へ向かって、そこから直行便で、ウラン・ウデ空港かイルクーツク空港に到着。バイカル湖でホンモノのバイカルアザラシを見てからブーザを味わう日帰り弾丸ツアーなんて、かなり魅力的な、飛行機のある暮らしと言えましょう。私の妄想旅としては、完璧な完成度です。

2020年の東京五輪開催までに訪日外国人2000万人の目標は、2015年にあっさり達成してしまいました。世界じゅうが、飛行機のある暮らしを目指しています。新幹線より、飛行機のある暮らしです。豪華客船よりも、飛行機のある暮らしです。

「飛行機のある暮らし」は、早く目覚めたもの勝ちです。

目次

「パ」の章

「ラ」の章

「ダ」の章

「イ」の章

「パ」の章

第1回　機上文学大賞

もともと作家ではない人が書いた本が人々の共感を集め、ベストセラーにもなり、という構図ができ上がってきた感がある昨今。芸人さんが書いていたり、田中里奈さんのような「読モ」と呼ばれる女性誌の読者モデルのダイアリー＋エッセイ本などというのは、たしかにこれまでなかった類のもの。本屋さんを覗いても、新たに棚が出来上がっているほどの勢いに比べると、飛行機本って、本当に地味でタマ数が少な過ぎます。『月刊エアライン』や『航空ファン』、およびそれらの別冊ムックは、趣味系のジャンルとして既に確立されていますが、飛行機に関するエッセイ、純文学というのは皆無で、せいぜいコミケに並ぶ自主制作本までしか存在しません。たとえば大型書店でも、鉄道や、現地の旅にフォーカスした旅行書、あるいは『地球の歩き方』などが並んでいる書棚の、最下段の**「その他」に放り込まれている**かなという状況。『パラダイス山元の飛行機の乗り方』が、まさにそういう扱いです。書名に「飛行機」とあるので、「輸送」「ビジネス」、たまに「**お笑い**」の棚に紛れていたりすることも。

それにしても、なぜ、こんなに楽しい飛行機旅のことを、誰も表現したがらないのでしょう。奥の細道的な旅行記は過去に山ほどあれど、**化石燃料を大量に消費して**飛行機に乗って旅することができるという、人類の夢だったようなことが現実になっているというのに、その感動はおろか、搭乗しているという事実には向き合わず、文章化されてすらいないことが、私にとっては不思議でなりません。

しかし、飛行機の墜落を題材にしたルポとか小説は、えらい豊富にあります。映画化され大ヒットしたものまで相当数あります。人が恐怖に慄いていたり、死に直面してパニックになることのほうが物語になりやすいのはたしかに理解できますが、そんなに**飛行機墜落させたいのかよ！**と。フツーに、安全に飛んでいる飛行機の機内のことなんて、プロの作家からしたら、ネタにもならない、ただの移動空間なんでしょうね。ただ飛行機に乗ってるだけなんて……という偏見も、文学界の中にはありそうです。

売れっ子の大作家さんは、縁側のある和室の旅館、遮音性の高い静寂なホテルで創作活動をするというのが定番と聞きます。この本をプロデュース&編集している石黒謙吾さんから「機上での執筆を信条とされているのは重々承知しておりますが、入稿がだいぶディレイ気味なので、ここはどうか、地上での執筆というのもご一考頂けないでしょうか……」という切迫した電話がかかってきました。

たしかに前便遅れという状況ではなく、欠航続きから、ついには定期航路廃止のような遅延ぶりのため、サンタクロースのお仕事で4日間、大阪ホテルニューオータニに滞在した際、ついに「**機内でのみ執筆する**」**という掟**を破り、ホテル室内で書き始めてはみたのですが、ものの5分もしないうちにベッドカバーの上に横たわっていました。振動も何もない静寂な空間では、結局1行も書けませんでした。

エンジンのタービン音がカラダに伝わり、気圧で耳が圧迫され、バッテリー残量を常に気にしながら、到着するまでに仕上げるという気概があっての執筆こそが、パラダイス流。エコノミー座席のスペースの制限、不安定なポジションが多いことから、今や、MacBook Air も、完全に右手人差し指1本の「ひらがな」打ち。いや、**昔からです。**

直木賞、芥川賞、日本エッセイストクラブ賞以外にも、書店員さんが選ぶ、本屋大賞とか、あと路上文学大賞などというのもありますが、そういった賞にはまったく縁のない**私が「機上文学大賞」を立ち上げる**という企てがあります。日本各地の空港で「空の日」にちなんで、児童絵画のコンクールはあっても、飛行機に関する作文コンクールというのは、これまで耳にしたことがありません。

やはり、まずは、子どもの頃から乗りもの、特に飛行機に興味を抱いてもらうよう、作文にしたためてもらい啓蒙を進めていくことも大事なのではないかと。機内誌に掲載されている搭乗客の投稿も、いつも楽しみに読ませてもらっています。この本が無事離陸したなら、航空会社に「機上文学大賞」の企画書を持って出向きますので、その節は門前払いせずご面会頂きますよう、どうかよろしくお願いいたします。

プレミアムエコノミー症候群

時候がよくなって、天も地も明るくなりました。『パラダイス山元の飛行機の乗り方』に次いで、また**阿房飛行機に乗ろう**と思い立ちました。この前の阿房飛行機に続いて、第2阿房飛行機、第3阿房飛行機、第4阿房飛行機、第5第6……第100ぐらいまでは心づもりができています。

フランクフルトへ行ったついでではなく、いったん帰り、出直してミュンヘンへ行ったり、そしてまた出直してデュッセルドルフへ行ったり。そんな無駄なことをしないで、用事はドイツ国内を陸路で済ませたほうがよいでしょうにと言われても、**もともと用事はない**のですから、仕方がありません。羽田から石垣へ行って、到着するや否や、すぐさま出発カウンターへ行って「このあとの羽田行き、プレミアムクラスの空席はありませんか」と尋ね、運よくアップグレードとなり、羽田へ戻ったのち、パリへ出発したからといって、特に誰からも咎められたりはしません。

理由にもならないそんな理由で、先日、この本を執筆するためだけに、堂々と、羽田空港からパリのシャルルドゴール空港へ向かいました。**ほんの数ページ執筆するためだけに？**　と問われると、そのとおりですとしか答えようがありません。他にどういう目的かを考えても見つかりません。そもそも「飛行機に乗る」という目的だけあったらそれで十分だと思います。なぜ、到着地で観光とかグルメとか、飛行機から降りたあとの行程を気にしたり、それを目的にしないといけないのか、私には理解できません。

燃油サーチャージも撤廃されたところで、日本からヨーロッパへ行く航空券の値段も安定してきました。本当は、石垣発か、そうでなければ那覇発の羽田経由を考えていたのですが、純粋に羽田―パリ間の国際線往復のみの発券をしてしまいました。自分では、相当もったいないことをしたなと、ちょっと後悔しているのですが、自身のスケジュールの詰まり具合と、夏休みにかかってしまい、一連のチケットとは別に、繁忙期に高額な、羽田―石垣&石垣―羽田の航空券を別に用意する困難さを思い浮かべたら、今回は断念することにしました。

何ヶ月も前から準備していたわけでもなく、原稿の締め切りに追い込まれてきて、思いつきでパッとアタマに閃いたパリ行きだったので、仕方ありませんでした。羽田発や成田発の、**単純往復だけの**国際線航空券を購入し搭乗するのは、ここ数年来ありませんでした。それはどういうことかというと……。

マイルを少しでも多く貯めようとする向きには常識ですが、国際線航空券は、国際線の前後に国内線区間を追加して購入することが可能です。どんな割引運賃であっても、国内線区間のマイルは普通運賃と同じ分を100%加算されるのが素敵過ぎます。本来は東京以外の地方から海外へ向かう客のために便宜を図った処置と思われますので、大変廉価な料金設定になっています。別に地方に住んでいなくとも、東京から、その地方まで別途国内線航空券を購入して向かい、そこから、地方空港発の国内線区間の往復を含んだ国際線航空券で出発するというのは、マイラーにとっては**常識の範疇**です。

もちろん、帰りもその地方空港まで戻らなくてはなりません。復路、東京で国際線から降機後、都内の自宅に直行してはいけません。購入した一連の航空券で、途中区間の無断放棄（ノーショー）は許されません。あとあと、航空会社の履歴に残ってしまいます。なにがなんでも、出発地となっている地方まで、**どんなに意味がない搭乗であろうとも**、戻らなくてはなりません。ただし、帰国から24時間以内の便に乗り継ぐ場合であれば、いったん家に帰ってお風呂に浸かり、翌日また羽田から出直しても構いませんが、それこそずいぶんな手間です。と言いつつ、私はよく**そうしています**。

そして、地方へ行って、一連の国際航空券として発券した分に乗り終わると、別途購入していた東京まで戻る便、だいたいは今乗ってきた飛行機に慌ただしくもチェックインして、搭乗直後にCAさんからは**「おかえりなさいませ」の羞恥プレイ**が炸裂しようとも、毅然とした態度で羽田へ戻ることになります。別にヘラヘラして搭乗しようとも、それは自由勝手ですから。

エコノミークラス大好き症候群の私ですが、万が一、指定していたエコノミークラスのシートが満席の場合、インボランタリーアップグレードされてビジネスクラスに変更されたとしても、まったく問題はありません。この場合、むしろ問題があると感じるほうがおかしいと思います。搭乗3日前に座席を確認したところ、B787－8のエコノミークラスは、窓側、通路側共に満席で、窓側でも通路側でもない中央席に一部空席があっただけでしたので、これはもしかしてもしかしたら……と、ほのかに期待しつつ羽田空港国際線ターミナルへ向かいました。

事前チェックインというありがたいシステムが確立していて、家に居ながらパスポート番号などを登録しておけば、出発時刻から24時間前に、ANAの場合、ダイヤモンドメンバー、プラチナメンバー、スターアライアンスゴールドメンバーには、プレミアムエコノミークラスの空席が解放されます。JALはしっかり有料です。空港で空いていたら「3万円でプレミアムエコノミー席にアップグレード可能です」と勧められます。

プレミアムエコノミークラスというのは、前方のビジネスクラスと後方のエコノミークラスの中間に、独立したコンパートメントで、2-3-2で3列配置されています。後方のエコノミークラスの配列が3-3-3ですから、横2席も少ないというのはかなり楽チンです。ビジネスクラスは、スタッガードシート配列のコンパートメント座席があたりまえになってからは、どちらかというとファーストクラス仕様に近付き、このプレミアムエコノミークラスの座席こそ、以前の、というか、ちょっと昔のビジネスクラスな感じがするので、個人的には後方のエコノミークラスで予約を取っていたのに、直前になってここへ座れることになるというのは、大変得した気分になれるものです。

ANAの場合、エコノミークラスに比べて、●足元、両サイドの空間に余裕がある●リクライニングが余計に倒れる　●テレビモニターが大きくなる　●スパークリングワインのサービスがある　●メインの食事が終わったあと麺類が追加オーダーできる●ビジネスクラスと同様のデザートがオーダーできる。など、いいことばかりと思いきや、機種によっては、**あるちょっと困ったプレミアムエコノミー席**しか空いていなかった場合、アサインするべきかどうか躊躇するという事態が起こることがあります。

B787－8（初期型）の場合、プレミアムクラスである17列目の真後ろに、トイレが左右、中央と3カ所集中配置されています。この機種は、エコノミークラスの最後方がギャレーになっておりトイレがありませんが、間違って後ろへトイレを求めて来る客があとを絶ちません。満席の場合は、プレミアムエコノミークラスとエコノミークラス合わせて124名の客が、中央部に集中配置されたこのたった**3つのトイレの争奪戦**を繰り広げることになります。B787－8は、ANAがローンチカスタマーとして、世界に先駆けてボーイング社と開発した最新鋭の機種です。就航直後、バッテリーの過熱や燃料漏れなどいくつかトラブルはあったものの、私は、この飛行機が好きなので、同じ目的地へ向かう際、年季の入ったB777などの便を避け、B787を予約します。

理由は、女房と飛行機は新しいほうがいいと、本当なら言い切りたいところなのですが、この座席配列は誰がいったい決めたんだ！　というくらい困ったものです。**17列目に座った場合は、**四六時中、トイレの扉がバッタン、バッタン、そして、ボォッワァアアアッゴボッゴボゴボジューーッキュユウウンゴォウワアーーッという、バキューム音が振動とともに数分刻みで身体に響き伝わります。

深夜便の場合、安眠などできるはずもなく、加えて、トイレの順番を待つ、吹き溜まりのように**通路に佇むゾンビ集団**といい、あぁ、プレミアムエコノミークラスとはいえ、なんという席をあてがわれてしまったんだろうと悲しくなってしまいます。

しかし、ＣＡさんから、催促しなくともイヤープラグなんかもらえたりすると、ちょっとは気持ちが楽になって、そんな騒音も楽しみのうちのひとつになったりします。3つのトイレがスロットマシンのごとくぴったりと、

ボォッワアアアッゴボッゴボゴボジューーッキュユウウンゴォウワアーーッ、

ドォッワアアアアッゴボッゴボゴボジューーッキュユウウンドォウワアーーッ、

ブォッワアアアアッゴボッゴボゴボジューーッキュユウウンブォウワアーーッ、

と、同時に唸った時などは、**おっ、ビンゴだ！** などと、パリのシャルル・ド・ゴール空港までの11時間、ひとりでニタニタ笑みを浮かべてしまう私なのでした。

輝け！　空港キラキラネーム大賞

東京五輪のエンブレム問題を、日本の恥だとか言って鬼の首を取ったかのように、疑惑の渦中のデザイナーを叩きまくっていた日本人。そんなに同じ日本人を叩いて叩いて叩きまくりたいのなら、もっと身近なところに、もっともっとな恥さらしが存在します。日本各地の**キラキラキラネーム空港**、みなさんはなんとも思わないんでしょうか？

飛行機の運航上使われる正式名称とは別に、PRや利用促進を目的とした、より愛着を持ってもらう「愛称」を付ける動きが始まったのは「高知龍馬空港」あたりから。NHKの大河ドラマの影響や観光誘致に結び付けたいと願う地元自治体と、空港の利用を促進する協議会といった、いわば地元のご意見番の集まりが、名付け親の正体です。

そこには、東京在住の著名なコピーライターや、広告代理店が戦略的に介在するわけでもなく、名前なんてどうせ**タダで付けられる**ものだから黙ってオレに任せておけと言わんばかりの、ちょっと**声の大きい議員さん**とかが君臨していたり。名付け親として地元で**威光を放ち続ける存在**でありたいという理由で、ごにょごにょっと決めたものも。訪れた空港で、愛称決定の石碑なんぞが建立されているのを見付けると、つい裏側に刻まれた**偉そうな先生方の名前**を確認してしまいます。

　話題になればなんでもいい、公募したらいいなどと、結局は誰が責任を取るわけでもなく、ごく限られた人たちの偏った判断で、未来に禍根を残すレベルの空港名が次々と誕生した背景も、東京五輪エンブレムの騒動と同じ、極めて日本的な事例と言えます。

●北海道紋別空港↓「オホーツク紋別空港」

『パラダイス山元の飛行機の乗り方』で紹介した直後、冬場はなにも用がないのに東京から訪れる日帰り客が増えたと、ＡＮＡの社員の方、地元の方からご報告がありました。**搭乗率向上に寄与**できてなによりです。この空港名は、キラキラネームでもＤＱＮネームでもなく、大変わかりやすくて、よい愛称だと思います。**紋別流氷ガリンコ空港**とか、**紋別網走番外地空港**にならなくてよかったと思いたいです。前半のカタカナは、完全なロシア語ですが……。

●島根県米子空港↓「米子鬼太郎空港」

愛称が決定した時、日本海側の空港の窮状が目に浮かんできました。ねずみ男がそうであったように、**困った時の鬼太郎頼み。**ゲゲゲの鬼太郎で地域起こしをしている境港市のみなさんは、とっても親切でした。誰にも好かれるキャラクターを起用したことは評価に値します。水木しげる先生も、航路にほど近い天国で喜んでいることでしょう。

●鳥取県鳥取空港↓「鳥取砂丘コナン空港」

キーワードをひとつに絞り込めなかったのなら、「鳥取砂丘**と**名探偵コナン**と**私空港」くらいハジケてほしかったです。何年後に元の名前に戻るのか要注目です。

●山形県山形空港↓「おいしい山形空港」

●山形県庄内空港↓「おいしい庄内空港」

県内にふたつも羽田を結ぶ空港が存在、かつ、同一愛称で協調するに至っては、お米もさくらんぼもおいしいよね、よくがんばった、もう少し捻ればもっといい案があったかもねと、関係者にねぎらいの言葉をかけたくなります。どちらも、**おしい空港**です。

●兵庫県但馬飛行場↓「コウノトリ但馬空港」

絶滅してしまったコウノトリの最後の生息地であったことから愛称となりました。「たんば」と誤読する人のほうが多いらしいです。正しくは「たじま」。県産品PRも兼ね、おいしい但馬牛空港にするべきでしたね。JALの搭乗回数だけで上級会員を目指す**修行僧の巡礼地**、空港周辺地域に上級会員が多く住んでいる空港としても有名。

●徳島県徳島空港↓「徳島阿波おどり空港」

365日、空港で阿波おどりのパフォーマンスを見せてくれているのですよね。何百人もの踊り手の集団とは言わなくても、飛行機が到着するたび空港職員が総出で、出口で本番さながらに激しく踊りながらお出迎えしていないと、詐称になります。そのくらいの覚悟があって付けた名前だと思われますので。阿波おどりを、**泡おどり**と勝手に解釈してニヤけるジジイもいるなど、利用者、地元民が恥ずかしくなる愛称という点では際立っています。**「踊る！　大徳島空港」**とか、誰も提案しなかったのですかね。

●島根県出雲空港→「出雲縁結び空港」

同じ県内の「米子鬼太郎空港」との差別化からか、出雲大社のご利益を無理やり空港まで引っ張ってきた強引な感じがしないでもありませんが、空港から1歩も出ずにタッチで帰ってくる私のような利用者にはなんだかありがたい名前です。合コンというか、**空港内で「エアコン」！**　とかしまくれば、全国から若い人が集まって来そうです。

●沖縄県石垣空港↓「南ぬ島石垣空港」

ここへは開港初日に訪問しましたが、これはもうインバウンド目的でもなんでもなく、地元のエゴというか、難問奇問の入試問題のような空港名です。当然、沖縄の人以外、日本人でもほとんどの人が読めません。機内でのCAさんのアナウンスでも、パイの島？　って、オッパイだかパイナップルだかアップルパイだか、ぜんぜんよく聞き取れません。とにかくなんと発音するのかよくわかりません。「なんぬとう」ではなく、正しくは「ぱいぬしま」と発音します。**責任者出て来いなレベル。**正解率3%。

●富山県富山空港↓「富山きときと空港」

きときととは読めるものの、地元の人以外、誰も意味がわからない、これこそ本当に迷惑千万なネーミングです。富山県ふるさと教育推進協議会という、地元のたぶんエライ人たちが、「富山らいちょう空港」「とやまアルペン空港」「とやまアルプス空港」と、マシな候補があったにも関わらず、きときとに決めてしまいました。きときとは富山の方言で、その意味は、私はあとになって知りましたが、あえてここでは触れません。知りたければググって頂き、関心なければスルーで結構です。富山のよいところと悪いところが混じり合って凝縮されてしまった、本当に自己満足な**キラキラ空港、ではなくときと空港です**。富山の県民性が端的に表れてしまいました。ため息出ます。

●秋田県大館能代空港↓「あきた北空港」

最初から「北秋田空港」にすべきでした。大館能代空港利用促進協議会が秋田県民にアンケートを取って決めてしまいました。**愛称なんだか補足説明なんだか**、混乱を招いています。秋田杉がたくさん使われていて、気持ちのいい空港ターミナルなんですがね。愛称の意味すら理解していない者が、やっちまった残念至極な例。

●北海道釧路空港↓「たんちょう釧路空港」

北海道出身者は、たんちょうと聞くと、そのあとは千歳鶴と、日本酒の銘柄が口をついて出てきます。千歳空港の愛称のほうがふさわしいですが、やるからには「たんちょう鶴の里釧路空港」のほうがわかりやすかったかもしれませんね。鶴をあえて付けなかったのは**ANAに配慮したのでしょうか。**釧路湿原空港、霧の幣舞橋釧路空港でもよかったような気がしますが、欠航が多そうなイメージで、やっぱりダメですね。

●長崎県対馬空港↓「対馬やまねこ空港」

かわいい、かわいい過ぎます。やまねこちゃんに会いたいです。ここにはわけあって1日に3回も訪れていたりしていましたが、空港内でやまねこちゃんに会ったことは1度もありません。ミニ動物園とまではいかなくても、**到着出口でやまねこ空港所長が鎮座**しているとか、それがダメならやまねこが入ったケージを設置してもらいたいです。

●静岡県静岡空港↓「富士山静岡空港」

地図で見る限り、これほどネーミングの対象と遠くて関連性のない空港は珍しいと思います。開港初日に訪れてから何度も利用していますが、滑走路の向きによっては、離着陸時に機内から、富嶽三十六景に出てくるような見事な富士山を拝むことができます。少々長いですが「富士山が離着陸時にものすごくきれいに見える静岡空港」とかにするべきだった……などとは申しませんが。

●愛知県中部国際空港→「セントレア」

開港当初からこの空港の愛称はずいぶん話題に上りましたが、近隣の美浜町南知多町合併協議会が、候補になかった「南セントレア市」を新市名として発表。選考経緯の不透明性や、地域の歴史もなにも加味されていなかったことから、全国規模でそのセンスを疑う大問題に発展。その影響から、空港の愛称そのものは妙に正当性を帯びることになり定着したという、誰も予想だにしない展開になってしまいました。炎上商法ではなかったものの、広告換算すると何十億円分にもなった、タナボタな成功事例かと。私も個人的に、当初はオゲーといった感想を持ちましたが、中部なんたらかんたらより、愛知県が生んだ発明品として、ういろう、ないろ、海老フリャーの次あたりかと。

●山口県岩国空港→「岩国錦帯橋空港」

橋以外、他になにもなかったのですから、これはまぁ、仕方がないと言えましょう。ニューヨーク、ジョン・F・ケネディ空港、パリ、シャルル・ド・ゴール空港のように、山口・安倍・晋三空港とか、強権発動してやっちまう手もありましたのに。

●鹿児島県徳之島空港→「徳之島子宝空港」

ビッグダディは、たしか鹿児島県の奄美大島に移住したはずなので、無関係と思われるが……と早合点したあなたには座布団1枚。徳之島には、マラソンの五輪金メダリスト・高橋尚子選手が、トレーニングで島を訪れていた時に走っていたコースが、そのまま「尚子ロード」という道の名前になっていたり、大変おおらかな土地柄です。

ここを訪れると子供を授かるという言い伝えが残っているわけでもありません。その実態はというと、空港到着出口を出ると真正面の山の稜線が、まるで妊婦が横たわっているように見えるという、**ガリバー的な発想から、**その名が付けられてしまいました。でも、そういえば徳之島には、例の五つ子ちゃんがおりましたね。しかし、これは完全に意味不明で、PR不足な愛称です。私が付けるなら、500年の伝統を誇る闘牛にフォーカスして、ズバリ「**闘牛士の**徳之島**マンボ**空港」でしたね。

●宮崎県宮崎空港→「宮崎ブーゲンビリア空港」

宮崎空港開港60周年を記念して命名してしまった特殊な例。記念式典だけやればよかったものを、やはりどうしても、無理して県の予算をぶっ込まなければならない状況が発生してしまったと推測されます。ブーゲンビリアって、もともと宮崎にはあまりなじみがないのに、どうしてそんな花の愛称が付いてしまったのか、誰か本当のこと教えてください。「**宮崎産高級マンゴー1個2万円（時価）**宮崎空港」のほうが、100倍話題になったと思われます。

実際に宮崎ブーゲンビリア空港に行ったら、タイヘンなことになっておりました。明朝体で、ピンク色に輝くその愛称が掲げられた電飾看板が、**昭和のラブホ看板そのもの**なのです。空港と言うより、高速道路のインターチェンジに差し掛かってきたような錯覚に陥るほどの破壊力に、圧倒されてしまいました。誰かは知りませんが、よかれと思って、数千万円もかけた開港60周年記念事業が、宮崎県の新たな負の遺産になろうとは。**「てげてげどげんかせんといかん宮崎空港」**が、今なら一番しっくりくるかと。

こうまでキラキラネームの愛称があたりまえになってしまうと、逆に今、愛称が付いていないままの、無風を装っている日本海側の空港が危ないです。

●新潟県新潟空港↓**「田中角栄&真紀子**日本列島改造新潟空港」「新潟萬代橋空港」

●石川県小松空港↓「**森喜朗**あの娘は大事な時に転ぶ小松空港」「**森喜朗**A案は墓場小松空港」になる日はそう遠くないかも。

そろそろ決まるかもしれないと噂されているのは、

●和歌山県南紀白浜空港↓「南紀白浜**パンダ**空港」
●福島県福島空港↓「**ウルトラマン**福島空港」
●熊本県天草空港↓「天草**サンタクロース**空港」

なんだかもめているっぽいのは、

●茨城空港↓「トウキョウメトロポリタンイバラキエアポート」

茨城県知事が、トウキョウメトロポリタンイバラキエアポートを押していたのに対し、県議会議長が、それでは長過ぎると「東京 Tokyo 北空港」を提案。**東京都知事不在で**論議されちゃっています。図々しいというか、勝手に東京とか Tokyo とか付けちゃっていいんでしょうか、東京都民でもなんでもない茨城県民が。聞いて呆れます。

この空港の開港初日に、アシアナ航空の初便、一番機で、ソウルから**公認サンタクロースの正装にて、**往復搭乗（タッチ）しました。今となってはいい思い出です。

愛称に関しては、ほとんどの空港で日本語表記のみで、英語表記はされていません。これじゃあ、やる気があるのかないのか、かえって混乱させているだけのような気もしませんかね。

空港のネーミングは、地元にとって玄関の表札、看板のようなもので、もっともブランディングに精通している専門家が関与しないといけないものなのに大手広告代理店に見積もりを出した時点で「うーむ、名前ごときでそんなにお金がかかるんだったら、地元を知り尽くした我々の手でやろう。やらなければいけないぞ、これは。私も、**子どもの名前、孫の名前をもう5人も考えた実績**があるからな、わっはっは……」と酒宴の席で漏らしていた、かなーり偉そうな県会議員にお会いしたことがあります。

ブランディングというのは、シンクタンクによる緻密な分析、尖ったコピーライター、プロデューサー、デザイナーによる、お金のかかるお仕事だったはずなのですが、日本の社会構造があまりにもだらしないので、こんなことになってしまいました。

どこに向かうか羽田でワクワク

株主優待券を手帳の間に数枚仕込んで、ふらりと羽田空港へ向かいます。ふらりというのはウソで、やはり目的があります。目的であって、目的地ではありません。しいて言うなら**目的地は先ほど出てきた自宅です。**羽田へ向かう電車の中で、航空会社発行の時刻表なんて、絶対に見てはいけません。ましてや、スマホで飛行機の運行状況がどうなっているかなんてサイトをスクロールして確かめてはいけません。

ルールはひとつだけ。今日じゅうに羽田空港、そして自宅へ戻ってくること。余計な宿泊費はかけたくありません。そんな**無駄なお金**があるのなら、1区間でも余計に飛行機に乗り続けるほうがいいに決まっています。国内で、まだ1度も行ったことのない空港が、実はちらほらあったりします。飛行機オタク、空港マニアじゃありませんので、なにもかも制覇、達成しなくてはいけないなどという切迫した感覚はありません。いつか行ってみたい空港を、**あえて残しておく**ということも大事なんです。

ちょっと変わった美味しいもの、珍味は、齢を重ねてからリーチ、アタックしたほうがいい場合もあります。タイトルや装丁が気に入って買ったものの、家に帰るなりパラパラッと開いて、これは今の自分にはまだチト早いなと思って本棚で背表紙を日焼けさせている本とか、あとお酒もそうです。頂き物のブランデー、衝動買いしたワインを、すぐに開封せずじっくり熟成させて時を待つ、そんな感覚と言ったら大袈裟かしら。

出発ロビーの電光案内板に表示された、あと5分で搭乗手続き締め切りになる条件付運航の青森か、効率よくマイルが稼げる定番の石垣タッチ、那覇タッチを選んでしまうのか。人生の岐路に立たせられているほどではないにしろ、どこへ向かうか羽田の出発ロビーでドキドキしている瞬間の自分にワクワクしてしまいます。自分にワクワクですよ。**アンタいい歳してなにを言ってるんだ**と思われるかもしれませんが、ワクワクがなくなってしまったら人生おしまいですから。

では、羽田へ引き返しそうな可能性のある条件付運航の便に乗るとしますか。

機内同時多発ヘボ

羽田発北京行き、日系航空会社の機内に、ファイナルコールが始まってから乗り込むと既に、表現しづらい**重たい負の連鎖**が始まっていました。搭乗口前で、列をなしていた人たちを一目見ただけで、楽しみにしていたフライトがもうお先真っ暗な気分。中国語は理解できませんが、その激しいやりとりの応酬を間近で見ているだけで、

「なぜ、オマエの荷物をオレの席の上に置くんだ」

「なに言ってんだ、ここは、オマエだけの荷物棚じゃねーんだぞ、このクソ野郎」

「なんだと、このブタ野郎、おまえだって何個持って乗り込んでるんだよ」

「じゃー、オマエこそ何個持ってきたんだよ、言ってみろ」

という感じで、ほぼ完全に翻訳できていると思われます。

まぁ、その声の大きいことといい、中華系の激昂したイントネーションの感じといい、

まだ羽田を離陸していないうちから、**本場中国の京劇を最前列で見せつけられているような、なんなら私、セリフに合わせて銅鑼《ドラ》でも叩きますか？**という状況がエコノミークラスの2ヶ所で同時に勃発。

公共マナーとかモラルなんて完全に吹っ飛んでいる状況でしたから、この先誰がどう収拾させるんだろうと思っていたら、中国人の添乗員が、

「いつまで、そんなこと言い争っているの？　早く荷物をしまわないと出発できませんよ。あなたたち、ここは日本よ。中国に帰れなくてもいいの？　本当にいいの？」

と諭し始めました。これも翻訳できていると思います、自信あります。

すると、最初に文句を言い始めたガタイのいい男が、突然号泣し始めたのです。

「なぜ、オレはなんにも悪くないのにみんなの前で赤っ恥をかかされているんだ。こんな悔しい思いをしたことは人生で初めてだ。私の一族で、こんなひどい目に遭ったのは私が初めてだろう。日本に滞在した間で、最後の最後にこんなことになるとは、巡り合わせが悪かったとしか言いようがない。先祖に申し訳ない」

と、最後のほうはさすがにあまり訳に自信ありませんが、とにかく絶叫しまくりです。

肝心のCAさんは、なんとなくギャレー付近に身を潜め、積極介入を避けているようなポジションにおりました。あとで聞いたら、日本語を話すことができるCAは2名しか搭乗しておらず、ひとりは若い中国人とのこと。たかが客同士の言い争いとはいえ、なにか、この現場にCAさんが介入するだけで、日本と中国の間で、盧溝橋事件のような歴史の転換点になってしまうのではないかというほど、不安が込み上げてきます。

結局、機内2ヶ所で起こっていた同時多発ヘボな出来事は、当事者はブチ切れしたまま完全鎮火には至らず、それぞれくすぶり続けたまま離陸することになりました。ブチ切れした張本人が真隣に座っていることの息苦しさから、CAさんに、どこか空いていたら席を替わっていいかと尋ねると、では後ろへと案内され、座ろうとしたら、その隣にはブチ切れの原因になった手荷物いっぱいいっぱいおじさんと、その家族らしき人が座っていました。当然ながら、くすぶっていました。

「オマエは、あいつの仲間か？」たぶん、中国語でそう言われた気がしたので、

「アイアムジャパニーズツーリスト。ヒィーイズントマイフレンド」

と返答してみたのですが、よく通じていなかったみたいです。どちらに座っても同じかと諦めて座ってみると、私の席の足もとは既におじさんの荷物でパンパンでした。今さら元の席に戻ると「なんでまた戻ってきたんだ！　オマエは、アイツの仲間か！」とか言われそうな気がしたので、仕方なくこちらに落ち着きました。ガッカリ過ぎます。


不謹慎な話かもしれませんが、機内でＣＡさんにとか、搭乗手続きの際グランドホステスさんに向かってとか、大声で怒鳴りつけたりしている結構いい歳をしたおじさんなんかを見かけると、ついつい注意深く聞き耳を立て、暇がある時などは観察モードのスイッチがオンになってしまいます。怒鳴り散らされている職員のほうは大変お気の毒ですが、今時の日本でまだこんな人種がいるんだなぁ、と思ってしまいます。中国人のそれは、観察対象にはなりにくく、一刻も早くその場を立ち去りたくなってしまいます。

ドクターコール、ノーアンサー

「この便のチーフパーサーの○○でございます。体調のすぐれないお客様がいらっしゃいます。お客様の中にお医者様がいらっしゃいましたら、キャビンアテンダントにお声がけ頂けませんでしょうか……」

ドクターコール、久々だなぁ。この私が、もっと志を高く持ち、東大理Ⅲとかに入ってから神の手とか呼ばれるような存在になっていたら、すぐにでも名乗りを挙げて人命救助に貢献するのですが、私にできるのはせいぜい献血400cc。それも、機内では無理。どうか助かってほしいです。

離陸していくらも経っていないので、出発地の福岡空港に引き返すか、最寄りの空港に緊急着陸することになるかもしれません。間隔を空けずに何度も同じアナウンスが繰り返されます。たぶん容体は切迫しているのでしょう。でも、なんでこんなB777－300という、搭乗者数514名、満席状態の飛行機の中に医師がひとりも乗っていないのでしょう。そんなはずはないでしょうに。余談ですが、私が無理してがんばって入った高校では、クラス45人中で5人が医師。そう考えると、60人程度は医師が乗っているんだろうに、などと思ってしまうのですが、とにかく名乗り出る人はひとりもいません。私を含め、たまたま**偏差値が低めの搭乗客**だけしか乗っていなかったようです。急病人の方の席がどこかもわかりませんでしたので、その後どうなったのかは不明ですが、到着したあとは騒ぎになっていませんでしたので、無事だったと思いたいです。

ところが、後日この話を医師の友人にすると……。

「搭乗中にドクターコールがあっても、自分が医師であることを故意に隠す場合がほとんど。万一のことになってしまった場合、法的にリスクを負う可能性があるからだよ」

人の命を救うのが使命のはずの医師が、機内という閉鎖空間では医療行為がしたくてもできないというジレンマがあるということ。あと、ひと口に医師とは言っても、**専門分野があるので**、ひと通り町医者のような診療はできても、命の危険にさらされている急病人を、専門外の医者が診ることの危険性もあるのだそうです。

また、機内に十分な医療品が搭載されているわけではないので、手出しできないとも。診療報酬が入るかもどうかも不明のまま、善意で名乗り出て、あとで遺族から訴えられて、裁判出廷、賠償金、禁固、医師免許剥奪なんてことになってしまったら……。

海外で、急病人が搭乗中に万一亡くなってしまった場合、航空会社がすべての責任を負うことになっているのですが、日本国内では治療に当たった医者の責任になってしまう可能性があるというのです。もうここまでのネタだけで、映画のシナリオか、**ドクターもの×弁護士もの×航空会社ものの月9ドラマ**が1本書けそうです。

JAL、ANAには、万一紛争に発展してしまった場合、弁護士報酬を負担するなど、乗客として搭乗した医師の機内医療への参加を促す制度もあるとのこと。航空会社のW

ＥＢ内で、マイル残高など個人情報登録の際、医師であることと、万一の場合は医療行為に協力できるかどうか、チェックボタンを付けておくという方法もありますね。

機内での急病人発生のリスクは、高齢化社会に突入してこの先高まるばかりでしょう。アメリカやカナダには無償で善意の行動を取った場合は責任を問われない「**善《よ》きサマリア人《びと》の法《ほう》**」という法律があるそうです。聖書にも登場する、人助けをした親切なサマリア人のエピソードが元になり名付けられた法律です。機内での医療行為に適切に対応した法整備が急務であると思われます。

飛行機が好きで乗っているんだから、機内なんかで絶対死ぬわけがないだろうに、などと自信満々でいるものの、逆に言うと、飛行機に乗れば乗るほど地上にいる時間が少なくなってくるので、万一のことが機上で起こる確率も上がるという現実。**私自身が最も危険な気がしてきた53歳の誕生日。**

善きサマリア人の法の周知、理解、日本国内での制定、立法について活発な議論がなされることを、一搭乗客として期待、関係機関にお願いしたいところです。

空港の保安検査1回520円

ホテルやレストランで、ちょっとお世話して頂いたからとチップを渡す習慣は、海外の国々ではいまだにあたりまえです。日本でも、旅館などに宿泊する際、あらかじめ中居さんへ心付けという習慣は、少なくなってきたとはいえ、まだ行われています。

国際線のファーストクラスを利用するたび、CAさんに「チップとかもらうことありますか?」と聞いています。あと「相場は、おいくらくらいなんですか?」など、聞きづらい件も。客室が暗闇になった頃、ギャレーになにか食べるものを探しに行ったついでに……と言ってもファーストクラス専用のギャレーにはそんな場所はなく、

「フルーツとコーヒー、ご用意してお持ちいたしますので、どうぞお席までお戻り頂いて、お待ちになってくださいね」などと、あしらわれてしまうのですが。

「頂かないよう、受け取らないよう、回避はしているのですが……」「頂くこともあり

ますよ、知らないうちにね」と教えてくださったCAさんに遭遇しました。ファーストクラスともなれば、旅館の中居さんのようにポチ袋に1000円とか入れるくらいでは済まないと思うのですが、

「相場とかありませんし、頂いた場合も、必ずフライト中にお返しいたします」「降りる際に、不意になにかと一緒に、たとえば本などに挟まれて手渡された際などは、すべて会社に報告させて頂いております」だそうです。

4便続けて同じCAさんの便に搭乗するなど、ほとんど**ストーカーのような乗り方**をしている「のりひこ」さんとしては、CAさんから激励のお言葉を綴った絵葉書を頂くことがあります。誕生日フライトなどでもお祝いメッセージが。でも、客からCAさんへなにかを渡すタイミングというのは、人目もありますし、なかなかムリっぽいです。

サービス料込みの料金や、合計金額の10%をサービス料として頂戴いたしますという表示は、日本では一般的ですが、サービスらしいサービスも受けていないのに、勝手に

一律で取られていて合点がいかないことは、航空関連では山のように存在します。

おっ、このWEB限定の格安ツアー、めちゃくちゃ安い！　と思って、いざ申し込みをすると、燃油サーチャージ別途、空港施設使用料別途、諸税別途、クレジット使用手数料別途と、**別途だらけ**で何万円も追加されるハメになり、ちっとも安くなかったというのは、日本国民ほぼ全員が経験済みでしょう。

そして、空港を利用する客から、旅客サービス施設使用料を、運賃と混ぜ込んで請求されているのはご存知でしたでしょうか。

たとえば、成田空港の第1、第2ターミナルから国際線で出発する場合、大人2090円、小人1050円を支払っています。みなさんは、2090円分、空港を楽しまれておりますか？　元を取っていると思います？　この際ですから、深夜便出発でも早朝から空港に駆けつけ、空港の隅から隅まで歩き回り、ターミナル間の無料連絡バスにも乗りまくり、**成田空港博士**にでもなってみましょう。

そして、これはほとんどの方が知らないと思われますが、搭乗の際の、あのハイジャック防止の手荷物検査と身体検査は、実は有料で、搭乗者負担で行われているものなのです。「旅客保安サービス施設使用料」1回あたり、大人も小人も同額で、成田空港の場合**520円**を支払っているのです。あの**ゲートを通過するだけで**です。国際線から国際線へ乗り継ぐトランジットの外国人にも同額請求されています。せめて、ポケットにライターを入れていてピンポン鳴ったり、カバンの中にハサミとか入れていて「中を拝見してもよろしいでしょうか」と言われた客からだけにしてほしいと、切に思います。

ゲートを通過する際ピンポンが鳴り響き、お立ち台の上に立たされ、手を横に伸ばし、女性の保安警備員から、全身マッサージをされているかのような客が**うらやましく思えることさえ**あります。ピンポンも鳴らず、手荷物もなにも反応することなく、あっさりゲートを通過した場合、これで520円はもったいないなぁ〜と**後悔しきり**。他にも過激派対策とか、警備員の人件費、各種保安業務に充当されているとはいえ、それにしても520円というお値段はなんとかなりませんかね。牛丼の大盛りが食べられます。

「ラ」の章

上空から撮る裏富士

頭を雲の上に出した富士山を見に行くために、早起きして、始発の福岡行きに乗りました。数日前に初冠雪を記録したのち、雪が完全に溶けてしまったのですが、テレビで天気予報を見ていると、強い寒気団が北西から日本列島に吹き付け、明日は山沿いでところによっては雪が積もる見込みということに、いちいち体が反応してしまいます。

正直に言うと、**飛行機を撮るよりも富士山を撮るほうが好き**です。富士山と飛行機ならもっと好きです。facebookで「富士山」という、フツー過ぎる名称のコミュニティの管理人をしています。投稿条件は、飛行機から富士山を見たら「いいね！」を押して、自分が撮った写真を投稿しましょう！　という単純な設定なのですが、なかなかどうして同好者が集まらなくて落胆しています。

上から目線で、ただ富士山を見下ろすためだけに飛行機に乗っている阿呆は、私以外に10人くらいはいるんじゃないかと思っていたのですが、みなさん、他に目的がしっかりあって、**真面目に飛行機に乗っている**方々ばかりなんでしょうね。

11月11日。前日に、朝6時台の羽田—福岡を、ＡＮＡにするかＪＡＬにするかスカイマークかでだいぶ迷ったのですが、朝イチのＪＡＬを選択するに至りました。ＡＮＡの機材は７８７、スカイマークは７３７、ＪＡＬは７７７です。厚い雲が頂上付近にかかっている場合、低い高度を飛ぶ７３７では、雲の真っ只中を飛行する可能性があります。高度がある程度保たれ、富士山の全体像を俯瞰で見下ろせるのは７７７の航路が最適との判断からでした。

クラスＪのA列窓側、非常口座席をアサイン。待ってろよー富士山！　と息巻きます。D滑走路から離陸して横浜上空を右へ大きく旋回し始めた時、遠くにある厚い雲の向こう側に、冠雪した富士山がくっきりと見えるではないですか。真正面のジャンプシートに後ろ向きで座り、搭乗前から**そわそわと落ち着きのないデブ**の行動の一部始終を、目

を合わせないようにしつつも**ガン見**していたベテランっぽいＣＡさんが、

「富士山、今日はおきれいですか？」と語りかけてきます。

「あっ、ハイ、よく見えていますっ」

「今日は裏富士側を飛ぶ予定ですので、近付いたらご案内いたしますね」などと微笑みます。昨晩、ＪＡＬ便を予約する際、搭乗理由の欄に「冠雪した富士山を撮影」とか書いた覚えはないのですが。そもそも、搭乗理由などいちいち書く欄はありませんね。それより、一瞬、裏富士ではなく**裏筋と聞こえて**、えぇっ！　と思ってしまった私でした。

　しばらく飛行すると、ついに左前方に、雲海の中からぽっかりと頭を出した富士山を捉えることができました。溶けかかった雪ではなく、昨晩積もったであろう新雪に覆われています。どんどん近付いて来ると、なんと冠雪していない7合目付近から下も雲の切れ目から見渡せる、とても神秘的な姿でした。飛行機に乗るのに、一眼レフのカメラは重たくて邪魔なので、ずっとコンデジ派の私なのですが、内心、くーっ、これが高解像度の一眼レフなら、ジグザグの登山道までくっきり写るのになぁーと後悔しかかったのですが、撮った写真を見る限り、コンデジでもまったく遜色なく、登山道のディテールまでしっかり捕捉できていました。

富士山の真横を通過、左エンジンの陰に富士山が隠れて見えなくなったちょうどその時、ギャレーから先ほどのCAさんが戻って来て、

「きれいなお写真撮れましたか？」と、再び微笑みまくりです。

「とってもいい写真が撮れました。どうも、ありがとうございました」

そういえば、近付いたらご案内いたしますと言っていたはずでしたが、私がもうずっと、窓に**脂症の顔面**とカメラのレンズをこすりつけて撮っていたので、声をかけるタイミングを伺っていたのかもしれません。お気遣いありがとうございました。

「今度、よろしければ高松線にご搭乗頂ければ、もっと間近にご覧頂けますよ」

「あっ、高松線、山頂に近いですよね。熊本線だと富士山の真上で見えないし……」

「いやだぁ、お客様のほうがお詳しそうですね」

この1週間で、上空から30回以上、富士山見ていますので、あたりまえです。

飛行機に乗るとモテる!?

別にパイロットとかANAの正社員とか、そういうのでもなんでもなく、ただ飛行機に乗る回数がちょっと増えるだけで、**俄然モテ始めます。**これは過去、鉄道ファンであった時には絶対に起こり得なかった現象で、むしろ鉄道に乗れば乗るほど、女性からは気持ち悪がられ、オタク扱いされるのと正反対のことと言えます。白髪も気になり始めた50歳を過ぎたオジサンが、まさか、ただ飛行機に乗って乗って乗りまくるだけで、異性の注目を浴びるようになったということは、下り坂を迎えた人生で、思いもよらない大発見で、他人に**言いふらしたくてたまらない**衝動にかられてしまいました。というわけで、しょうがないのでこうしてまた本を出すことにしました。

女性の興味の対象になる男性像なんていう、私にとってはどうでもいいことは、これまでほとんどアタマの中で思い浮かべたことすらないテーマだったのですが、その心理のロジックが解けるにつけ、**高校の先輩**である「失楽園」の渡辺淳一先生が描いていたような、**甘美な小説**の1本も手がけたくなってきたというのが、偽らざる心境です。

長身でハンサムでブランドもののスーツを着こなしフェラーリを操る、ような男しかモテない世の中なんだと、長いこと、半ば自虐的に思い込んでいた私の勘違いは甚だしかった。仕事をリタイヤしていて、年がら年じゅう**ぷらぷらと放浪癖**があり、後頭部がハゲ気味、小太りのオッサンというほうが、実はモテて尊敬されるということに気付き、再び生きる勇気が湧いてきました。ジョージ・クルーニー顔に整形とか必要なし。

facebookなどのSNSで、何年も会っていない知人から、「また飛行機に乗って出かけているんですね!」などと、**トンチンカンなコメント**が付くことがあります。決して褒められているわけでもなく、かといって馬鹿にされているわけでもない、こういった書き込みの真意は、

「なんで、意味もなくそんなにたくさん乗っているのですか？」ではなく、「もしかして、宝くじにでも当たりました？」とか、「『パラダイス山元の飛行機の乗り方』売れたんですね！」の類であると推測。

「鉄研の部長だった山元くんが、飛行機好きになっていたなんて知りませんでした。娘が今年、ＪＡＬに就職決まったので、ぜひ赤組もご贔屓に」という反応も。飛行機に連続して乗り続ける、しょっちゅう飛行機に乗るということは、鉄道のそれとは違い、世間一般ではほとんど認知されていない行為なので、誤解されても仕方ありません。

通称ブラックカードと呼ばれる、年会費が36万7500円もする最高峰のクレジットカードホルダーになっても入室できない、空港の中の、**とある秘密のラウンジ**。さらには、携帯電話から無料で、電話1本で国内線も国際線も「最優先」で前方席を押さえることができる予約システム。子ども連れや、お手伝いが必要とされる方の次に「最優先」で搭乗できたりする、**意味不明のステイタス**。

フツーの人からは、「アレ？　この人といるとなんだかおかしいわー」と、厚遇ぶりに一目置かれます。財布の中の免許証、ポイントカード、病院の診察券に混じって、クレジットカードでもなんでもない、普段はめったに取り出すことのない、たった1枚のカード。ダイヤモンドメンバーのステイタスカードは、一度も空港で機械にかざしたり、チェックインの際に見せたりすることがないのですが、その威力は計り知れません。

若いうちは「コスパ（コストパフォーマンス）優先」のひと言で、場当たり的にモノの損得を考えがちなものですが、R25あたりから、周囲を見渡して**他人がやらないこと、やっていないことへの挑戦**、それは行きつけの美味しいレストランの常連になる程度のことですが、実践しておいたほうがいいかもしれません。そういう店を1軒知っているだけで、女性から好感を持たれることは想像に難くないでしょう。

普段から目立たず、平静を装い、いつの間にか偉業を達成しているような、と言っても最短でほんの10日ほど、ただ飛行機に乗り続けるだけのことなのですが、モテないよりはモテたほうがいいでしょう。いや、ここはぜひモテておくべきです。損をしない飛行機の暮らしはもちろんですが、モテたいモテたくないよりも究極的選択は、**地上にいるほうが好きか空の上にいるほうが好きか**、どちらかだと思います。今、この本を手にしているあなたは、確実に後者ですね。

話題が、自らの病気自慢、手術自慢、大ケガ自慢、果ては、交通事故自慢、親の介護自慢とかになびきがちな飲み会、同窓会の席で、

「最近旅行とか行ってる？」と切り出すことさえできれば、もうこちらのペース。その**非日常とも言えるバカ乗り話**を、決して自慢げに語るのではなく、

「山元くん、アタマ大丈夫？　ウフフ♡」と思わせるように導くことが重要です。

「先週、羽田からオホーツク紋別空港行って、同じ飛行機に乗ってその日のうちに帰ってきたんだけど、155人乗りの飛行機に、帰りはたった30人しか乗ってないの。しかも、そのうち自分含めて6人が、また乗ってきた飛行機で羽田に向かうの」

「それ、紋別になんの用事で行ったの？」

「いや、特に用事なんてないよ」

「いや、特に……って、用事があったから行ったんでしょ？　紋別に！」

「別に……本当になになにもなかったよ……」

「えっ、なにやってんの、そんなことして大丈夫なの？」

「オホーツク紋別タッチって、今、**静かに流行っている**んだよ。そう、少し前に出した『パラダイス山元の飛行機の乗り方』って本に詳しく書いてあるから、アマゾンでポチッってやってくれる？　マネする人が結構出てきたんだよ、マジで」

「あんなに鉄道好きだったのに、今は飛行機なの？」

「そう、鉄道嫌いになっちゃったの。いっぱい乗ってもマイルもなんも貯まらないし、トンネルで耳キーンって痛くなっちゃうし、新幹線の車内で焼身自殺するオジサンとかの巻き添えになりたくないし……」

「そんなの飛行機だって耳キーンってなるし、ハイジャックもあるし、墜落もするでしょ、なんで飛行機なのよ！」

「それはね、まさに今、『パラダイス山元の飛行機のある暮らし』という本に詳しく書いているところだから、それも4月9日に出るからポチッってしてあげてよ」

「飛行機の本も出してるんだー？　**マン盆栽とか餃子とか入浴剤**じゃなくて、へぇー」

「ところで、電気、ガス、水道、携帯とか公共料金、ちゃんとクレジットカードで払ってる？」「いいや、銀行口座から自動引き落としよ」「自動車税とか固定資産税とかは？」「コンビニとかで払ってるよ。銀行みたいに待たなくていいから。それがなに？」

「他人のこと、アタマおかしいとか言ってるけど、おかしいのそっちでしょう！」

「えっ……なんで？」

「年に最低1回は、タダで、成田からとかじゃない、ちゃんと羽田発のJALとか、ANAで、札幌へ帰省できるよ」

「えーそうなの、それ本当？」

「札幌はもちろんだし、たぶん特典航空券で石垣島とかにも行けるよ。よくない？」

「あと、カード紹介で、私にも5000マイルとか入ってくるんだけど、最初からもっとマイルが貯まるカードにしてみたら？」

「なんか、ちょっとウマイ話みたいで、なんだかなー」

「あっ、ぜんぜん強制しているわけでもなんでもないから、もうこの話、嫌だったらやめて、話題変えようよ」

「そうじゃなくて、山元くんがこんな親切な人だってなんて、なんだかなーって♡」

「いやー、それは……」ポリポリ。

「それで、どうやって、そのカードに申し込んだらいいの？」

「おっしゃー！」

カードの入会から、マイルの貯め方、使い方までを指南。半年後には、サファイヤメンバー、JGC（JAL グローバルクラブ）に入会していたという、**同級生の主婦から今さら尊敬されても……**なのですが、たくさん飛行機に乗るということはそういうことなのです。

飛行少年、飛行少女

飛行機に乗る趣味の人のことをどう呼ぶか？　という問いかけを、前作『パラダイス山元の飛行機の乗り方』で提示してみたものの、**たいした反響もなく**、要はそういう趣味を持つ人たちというのは、自分たちがどう呼ばれたいかとか、そんなことを特段意識しているわけではないという、大人な方たちだということが判明しました。

しかし「鉄道ファン」の間では、鉄道から飛行機へ嗜好をシフトすることを「**鉄抜け**」、そのような人たちのことを「**飛び鉄**」と呼んだりしています。鉄道ファンの1ジャンル「乗り鉄」に近い響きですが、なにかしっくりきません。私のように、頭の先から尻尾までバリバリの元鉄道マニアであれば、そう呼ばれても仕方のないことですが、これまで鉄道趣味でもなんでもない人（**非鉄**）や、単純にマイラーから始めた人までも十把一からげにそう呼んでしまうことには合点がいきません。

鉄道に関する情熱の度合いにより「鉄分過多」などという表現がありますが、飛行機に乗る回数が多くなったところで「空分過多」「飛び分過多」などとは言いません。

卑称や蔑称の中でも、最も卑下軽蔑の意図がこもった「鉄ヲタ」のような呼称も、航空ファンの間では聞きません。たんに「鉄道オタク」の略と思われがちですが、鉄道会社に対し損害を与えたり、一般人に対し迷惑を及ぼす偏向な集団を指す意図で用いられる場合がほとんど。同様の表現が、航空ファンの間では使われていないということは、鉄道ファンと比較して困った人が圧倒的に少ないということでしょう。

また、ほとんどの鉄道ファンの興味の対象が、国内の鉄道のみなのに対し、航空ファンは世界じゅうの航空会社、飛行機が対象です。ＪＡＬファンＡＮＡファンなど、国内の会社別、アライアンスごとのファンという区分はありますが、仲が悪かったりということはありませんし、お互い尊重し合っているとも言えます。ＪＡＬでダイヤモンドになったら、次はＡＮＡでもダイヤモンドを目指すということもあります。

それが、鉄道ファンになると、阪急ファンが阪神ファンのことをボロクソに言ったり（同じ親会社なのに……）、廃止直前の路線や、廃車間近の車両に群がる人たちのことを「**葬式鉄**」と呼んだり、車両の部品や、駅の備品を盗んで転売する犯罪者を「**盗り鉄**」とまで表現するタチの悪さ。「盗り鉄」と「飛び鉄」って、似たような響きで困ります。そもそも、軽合金とか炭素繊維とかがふんだんに使われている飛行機であるのに、なんでも無理やり「鉄」と付けたがる「鉄道ファン」というのも困りものです。

高校時代、鉄道研究部の部長などという恥ずかしい過去は消しようもないのですが、「飛行機にシフトすると、こんなにもいいこともあるんです」と、**鉄抜け支援イベント**を、たとえタモリさんや向谷実さんに嫌われても、これからもしみじみ続けていこうと思います。鉄分バリバリの「**鉄子さん**」、飛行機撮影が趣味で自らを「**空美ちゃん**」などと呼んでいるみなさんに対して、「**空子**」（**クーコ**）と呼び方変えなさい……とまで言わなくとも、そういった啓蒙イベントの実施で、連携を強めていきたいものです。

吉本興業主催「飛行少年、飛行少女大集合、お笑い飛行トークバトル」を、写真家のチャーリィ古庄さんと共に神保町花月で既に2度開催。大盛況でしたが、鉄道系のイベントよりディープな航空系イベントがこれからジワジワ来る。絶対に来るでしょう。成田、羽田、セントレアなどで開催されている、ルーク・オザワさん、チャーリィ古庄さんの航空写真家二大巨頭を招いたトークショーや、マイラーで有名な落語家、柳家三之助さんの航空寄席は、満員御礼だったり入場に制限がかかるほど。女性ファンのみをターゲットにしているイベントも行われていますが、それはもう、男性の鉄ヲタ系を排除、空子さんたちに安心して楽しんでもらおうという主催者の意向によるものでしょう。最初はちょっとやり過ぎじゃないかとも思いましたが、こういった趣味のイベントに、会の趣旨に反した、**お呼びでないオッサン**は混じらないほうがいいと思います。

女優の常盤貴子さんが、鉄ヲタをカミングアウトし波紋を広げるなど、鉄道系にも動きはあるようですが、航空系の趣味も性別を超えて広く人気があるのはよいことです。

２０３０年パイロット不足問題

パイロットが足りていません。ＬＣＣのピーチ・アビエーションとバニラ・エアが、最小限のパイロット数で効率的な経営しようとして、２０００便以上が欠航してしまいました。病気などで業務につけなくなると欠航になってしまうのは、会社設立当初からわかっていたことなんですがね。でも、どんどん潤沢に人員を採用してしまうと、フツーの航空会社と同じことになってしまうので、**絞るところは絞る。**それがＬＣＣ。

航空需要が世界的に増大していて、パイロット不足が深刻になってきており、日本でもその対応に追われています。即戦力を確保するために、国土交通省は、パイロットの年齢制限の上限を64歳から67歳に引き上げ、他にも、海外で取得したライセンスを日本国内で使えるようにしたり、外国人の採用も積極的に行うとのこと。どうりで最近、国内線なのに、操縦室から英語のアナウンスが聞こえてきたりするわけです。

ＪＡＬとＡＮＡは、これまでほとんど中途採用はせず、新卒の自社養成のパイロットを育ててきました。「チームワークこそ安全運航の基本」との考えから、純血主義が貫かれているというわけです。しかし、各航空会社とも自社養成のパイロットを簡単に増やせるわけではなく、ここ数年で注目されているのが、**私大のパイロット養成課程**。東海大学、法政大学、桜美林大学、崇城大学、千葉科学大学、という名大学の民間養成機関からのパイロット供給が期待されるようになってきました。とはいえ、入学から卒業までに学費やなんやらで、**ざっと２８００万円**。運よく大手の航空会社に入社できれば、2年そこそこで回収はできますが、それにしても、な金額です。

ＪＡＬは、各年度最大30人に対して、４年間で計５００万円の奨学金を給付する制度を始めました。奨学金の給付は、採用選考とは関係なく、入社義務もないという太っ腹。ＡＮＡも奨学金を設けるといいます。**囲い込み**には違いありませんが、こうでもしないとパイロットは育たないという証拠なのです。この本を手にしたアナタ、さらにお得な情報が。

国土交通省と民間の連絡協議会は、毎年50人、私大のパイロット養成コースの学生に対し、4年間で最大1000万円を無利子で貸与するという奨学金を創設予定。こうなったら、もうパイロットになるしかないです。世界で、年間9000人も足りなくなるという予測もあります。バブル期に大量採用されたパイロットも、2030年には一気に退職。今から、**ご子息、お孫様の進路をねじ伏せてでも変更**させてしまいましょう。

大手航空会社の社員が家族にいると、それはそれは様々な恩恵が受けられるのはご承知のとおり。繁忙期を除けば、半額とか、ほとんどタダ同然で飛行機に乗れたりします。投資という点でも、**医学部進学にしゃかりきになるより**、老後の自分の人生を豊かに過ごすということ1点だけでも、何としてでもご子息をパイロットに仕立て上げるというのがどれだけ有効な手段でありましょうか。とはいえ、向き不向きは当然ありますから、どうやってその道に進ませるか、誕生からしっかり計画を練って、飛行機に乗ることが暮らしの一部であり、**飛行機のない生活などありえない**という環境に持っていかねばなりません。引越しを考える余地があれば、東京都大田区、千葉県成田市など、普段から空を見上げればガンガン飛行機が往来しているようなところが望ましいでしょう。

また、お散歩感覚で、空港に行ける距離というのも、パイロット的情操教育には役に立つものと思われます。身体的な成長はあっても、無垢の子どもは勝手にあれこれ広い興味を持ち併せてはいません。親の志向や周辺環境で、いかに興味を抱かせ、自分自身が決めた道として目標に向かわせねば、パイロットへの道は破綻してしまいます。

パイロット養成のためのお受験対策みたいなおままごとをさせつつ、パイロットになる自覚を目覚めさせる私設教育機関が、すぐにでも生まれそうな気がします。さらに少子化が進んで、それこそ現役のパイロットのご家庭はほとんど裕福ですから、**月10万くらい受講料をせしめる**ビジネスモデルが出てきてもおかしくありません。本来、子どもは、ハイリスク・ノーリターンが原則ではありますがね。

一概には言えませんが、大手の航空会社と、ＬＣＣ、地方が本拠地の航空会社では、平均年収で３００万～７００万円ほどの格差があると言います。なんか、その差額だけでも年収と勘違いしてしまいそうな気がします。大手の航空会社から系列グループへの出向はあっても、LCCに転職する可能性というのは低いようです。

国の養成機関としては、航空大学校と防衛省があります。航空大学校は、短期大学卒、専門学校卒、または大学2年在籍のあとに入学可能です。防衛省は、言わずもがなの航空自衛隊への入隊です。**戦闘機**の操縦だけではなく、**偵察機**、**輸送機**など、バリエーションョン豊富です。政府専用機のキャプテンになりたい場合は、この道しかありません。

天草エアラインには、高卒後、後楽園ホールのリングを主戦場として世界チャンピオンを目指していた、元プロボクサーがおりました。ボクサーの傍ら、実家の八百屋を手伝い、鳶職人、トラックの運転手、ポンプ屋（セメント圧送業）、建設資材の営業を経験したのち、ある日親友の大工の現場へ行く途中、たまたま立ち寄った本屋で手に取った『パイロットにチャレンジ』という本。その影響を受け、それから4年間、佐川急便のセールスドライバーをして資金を稼ぎ、さらに借金までして自費でライセンスを取得。

ボンバルディアDASH8「みぞか号」の副操縦士をしていた強者でした。手作りの機内誌の自己紹介欄には、このように書かれていました。

か　神奈川県横須賀市出身です。
ね　寝ることが趣味の一つです。
こ　子供と遊ぶのが一番の趣味です。
て　照れ屋です。（社交場では）
る　るんるん気分で毎日フライトしております。
お　お酒をこよなく愛しています。
こんな男ですが、安全運航には命をかけておりますのでよろしくお願いいたします。

私も、今から天草エアラインのパイロットを目指したくなりましたが、老眼なのと**体型的にＡＴＲのコクピットに収まらない**ので、これからもただの搭乗客で我慢します。

外人にウケる日本的デザイン

2010年に開業した羽田空港国際線ターミナルは、いかにも日本人デザイナーの仕事っぷり感ありありの、メイドインジャパン過ぎる造作です。キライと言っているわけではありません。ANAのスイートラウンジは、黒を基調とした無駄が少ない格調の高さが売り。JALのサクララウンジに至っては「モダンジャパニーズ」を基本コンセプトに、格子や日本の伝統工芸品など、和の素材をこれでもかと取り入れています。

それまで、国内線第2ターミナルの南端に、**場末のラブホと見間違う**建物の壁に赤いネオン管で「羽田空港国際線ターミナル」とおどろおどろしく光を放っていたアソコもキライではなかったのですが、いざ新ターミナルが完成し移動してしまうと、羽田空港も、ようやく昭和から平成になったかという感じ。**もはや戦後ではない。**

なにをもって、デザインが日本的、日本らしさにつながっているのかということに、いつも疑問を抱きつつ注目していますが、日本だけにいると気が付かない、よくわからないことも、たとえばデンマークの玄関、コペンハーゲンのカストロップ空港はスカンジナビア航空のＳＡＳラウンジに入ると一気に氷解します。誰がなんと言おうと、上質なスカンジナビアンデザインなのです。直感的に北欧へ来たと思わせてくれるのです。

ナチュラルウッドの床や壁、若干主張の強いソファのカーブ、1枚の平面を複雑な曲面折りに仕上げたランプシェードなど、いかにもスカンジナビアンデザインという、シンボリックな要素が随所に散りばめられています。ふざけたことに、1年を通して**真夏でも暖炉には火が灯っています。**

アルネ・ヤコブセンのような、ファニチャー、インテリア、建築分野におけるデザインの巨匠がとうに亡くなっているというのに、今に至るまでデンマークはデザイン大国ともてはやされています。国のルーツを遡ると、日本で言うところのサムライ、ニンジャみたいに**国民皆バイキング**とか言う人もおりますが、そんなはずはありません。

デンマークには、日本よりセンスのいい人が圧倒的に多い気がします。そして、誰がなんと言おうと、統一感があります。日本には、あるようで結局のところ存在しないデザイン的な統一感。情報の少なさゆえ、渡来するものと日本のものを掛け合わせた和洋折衷という、今で言う超クールでモダンなデザイン感覚が誕生し育まれていった昭和の時代を、**たんにレトロというカテゴリーで括って**葬り去らないほうがいいと思います。これからの日本のデザイン成長戦略の鍵は、実はここにあります。

日本人から見て、なにこのインテリア？　っていうの、最近多いです。なにガイジンに媚びへつらっているんだとか、日本人がこんなヘンなものわざわざ作るなよ、と言いたくなる、**やってしまった感**のある和テイストのプロダクトはあとを絶ちません。

あと、海外のあまり知られていなさそうなデザインをそのままコピーしておきながら、「私のキャリアの集大成」「世界に類のないエンブレムができたと確信」などと真顔で言う**嘘吐き**も横行しています。たしかに日本人のデザイン感覚は、戦後、著作権などという意識はまったくなかったに等しく、もうほとんどなにもかも海外の猿真似ばかりでした。でも、それが、現代の中国のコピー、パクリ天国を他人事のように笑えるところまで成長していたはずなのですが、歴史は繰り返すと言いますか、肝心なところで失態を犯してしまうのも、極めて日本的パターンという気がしてなりません。

空港の建築デザインは、これまで入札実績を持った会社が幅を利かせている限り、日本的で斬新なものは生まれませんね。また、せっかく世界じゅうからデザイナーを集めてコンペを行っても、**選ぶ側のていたらくぶり**が浮き彫りになっている現状では、目立った変革なんて期待できません。選ぶ側としてふさわしくないメンツや、センスのなさが引き起こす日本的悪循環を、スッパリ断ち切って頂くためのディレクション、誰かできないものですかね。

50年以上も前の東京五輪のあれこれを上回るものが、日本人自らの手で、いまだに生み出せていない現状というのは、日本人としてとても情けないことです。

うどんですかい、らーめんですかい、そばですかい

若かった頃に比べると、ふだん、カップ麺なんてほとんど食べなくなってしまったのに、環境が変わると、それも**暗闇になると**無性に食べたくなってしまうのが、JALの機内で提供される「うどんですかい」「らーめんですかい」「そばですかい」。

離陸前から爆睡。おしぼりも、おつまみも、最初のミールプレートも、あえてスルー。ラウンジで、搭乗前に過剰な栄養補給を済ましていたので、もうしばらくはなんにもいらないという気分でしたのに、隣の客が、ズルズルと音を立て、暗闇の中「うどんですかい」をすすり出し、関西風の**昆布出汁の香り**が、ほんわか鼻に伝わってきてしまったら、ここはもう起きて、ピンポン押してCAさんを呼ぶしかありません。

さんざん美味しいものを食べていたにもかかわらず、こういうチープなカップ麺に手を出さざるをえなくなるということは、飛行機の中ではよく起きる現象です。なにがなんでも食べなければいけないものではないのに、どうしても食べたくなってしまうのは、食欲から来るものではありません。ちょっと外のコンビニ行ってなにか買って来るというわけにもいきません。閉鎖空間でしか起こりえない**心理のコンフリクト**です。

エコノミークラスで、うたた寝している間に配り終わってしまったハーゲンダッツも、別に食べても食べなくてもどうでもよかった可能性が高いのに、自分がスルーされてしまったことで突如湧き起こってしまった**復讐心**から、とにかく食べたくなってしまいます。そういう時は、恥を耐え忍びつつ暗闇の中をギャレーに向かい、

「スミマセン、寝ていた私にも、ハーゲンダッツ、くださいっ!」

と、大声でCAさんに頼み込みます。

カップ麺も、ハーゲンダッツも、飛行機にさえ乗っていなければ、お金出せば好きな時に買えて、自由に食べられるものなんですがね。人間の心理は不思議です。

年末恒例目的外搭乗

目的外搭乗をしてしまいました。

クリスマス直前、ラッシュ至極の陸路では絶対に不可能な行程でも、容易に移動ができてしまう飛行機というのは大変便利でありがたい乗りものです。普段は、空の旅を純粋に楽しむこと以外には目的を持たずにただただ搭乗回数を増やしている私が、やむにやまれず、**「目的地へ向かうという目的」**を携えて、仕方がなく、いや、喜んで飛行機に乗る機会が増える12月。

先に言っておきますが、公認サンタクロースだからといって、自由にトナカイのソリで、飛びたい時に飛べるわけではありません。サンタクロースが、トナカイのソリを使えるのは、1年のうち、**クリスマスイブの夜だけ**。25日の朝、陽が昇るまでと決まっています。**公認サンタクロース歴19年目**（2016年現在）になりましたが、11年前までは、年がら年じゅう、いつでもどこでも空を飛ぶトナカイのソリが自由に使えました。
新米サンタだった私は、トナカイのソリの操縦免許を取得するべく、デンマークのリングステッドという村にあった**トナカイのソリ教習所**で、本格的にソリをひく訓練を受けました。嘘だと思われそうですが、これは本当の話です。

こつこつ貯めたマイルで、特典国際航空券に換えて、デンマークで毎年開かれる「世界サンタクロース会議」に出席。提携アライアンスなんてないグリーンランド航空などは、毎回全額自腹です。ソリに乗ってタダでどこにでも行けるということは、大手航空会社の社員と同等、いやそれ以上のバリューがあると、先輩公認サンタさんからの特訓に耐えました。そして、公認サンタクロースもアジア地域から初めての選出でしたが、2005年、見事、公認サンタクロースの中でもなかなか取得できないKANEFØRER「ケニフーア」というトナカイのソリの操縦免許を取得しました。

ところが、免許トロフィー、免許バッヂを受け取ったのも束の間、翌年の「世界サンタクロース会議」で、なんと「トナカイのソリの使用は、クリスマスイブの夜のみに限られ、それ以外での使用は一切禁止」と決議されてしまいました。これも嘘くさいと思われるかもしれませんが、本当の話です。

スウェーデンのラップランド地方に住む公認サンタクロースが、世界サンタクロース会議で「トナカイが、プレゼントの輸送とは関係なく、たんにタクシー代わりにサンタクロースから酷使されていて可哀そうだ」と提議したことに端を発します。

「えーっ、免許取ったばかりなのに、そんなぁー。トナカイなんかスウェーデンとフィンランド国境にいくらでもいるんだから、自由に使わせてよ」という私の不適切発言が、さらに議長からお咎めを受けることに。

「パラダイスは、これまでどおり飛行機で移動しなさい。自分の国に戻ったら、どこへでも行ける4WDのクルマでも買いなさい」と、みんなの前で言い渡される始末。正直これには大変凹みました……。

12月のある日、前日の夜から滞在していた天草から、朝一番の天草エアラインの福岡行きに搭乗、その後千歳行きに乗り継ぎ、札幌市内の小児病院を訪問したあと、再び千歳から伊丹行きに搭乗、大阪のホテルニューオータニに期間限定で出現するサンタクロースハウスにステイという、**比較的単純な移動**の1日のことです。

天草からのスタートは順調でしたが、福岡空港に到着後、天草エアラインのみぞか号の扉が開いた瞬間、あられのような雪が機内にバラバラっと入ってきました。降機する際、今年何度もご一緒させて頂いた、**美人過ぎる体育会系、村上茉莉子CA**から、

「来年も、何度でも天草にいらしてください。よいお年を♡」

と告げられ、すたすたとターミナルビルまで急ぎ足で向かいます。福岡はこの季節、よく雪が散らつきます。福岡空港のターミナルを出た真正面に、ダイキンの温度計付き大型照明看板がありますから必ず気温を確認、twitter にアップします。それはたんに私のクセでしかありませんでしたが、なぜか友人たちにも感染し出しています。

福岡空港から向かう札幌はというと、12月だというのに積もっていた雪が全部溶けてしまったと、前日ニュースでは聞いてたのですが、一夜にして再び積雪50㎝以上だとか。搭乗口付近では「千歳行きは、条件付き運航となります。万一、千歳空港に着陸できない場合は、目的地を羽田空港へ変更いたします。ご了承ください」と、**ちょっと心ときめくアナウンス**が繰り返し流れていました。

「前便の到着遅れ、また千歳空港の管制から出発待機との指示を受けており、搭乗時間が大幅に遅れますことを、あらかじめご了承ください」

と、**連続ご了承プレイが炸裂**していました。札幌の小児病院へは、事前に約束してあったので、万が一雪で行けなくなったりでもしたら「サンタさんのウソつきー」ということになりかねません。雪に強い印象があるサンタさんが、意外にも雪に弱かった……。

というわけで、出発までたっぷり時間ができたので、福岡空港のANAラウンジで、青汁の炭酸割り、青汁のミルク割り、青汁のミニッツメイド割りの**青汁3部作**を立て続けに頂きつつ、いくつもの新聞に片っぱしから目を通します。国内線のファーストクラスや、プレミアムクラスに搭乗すると、必ず地方紙をリクエストします。搭乗機が、朝一番どこから飛んできたのかがわかります。ラウンジには『週刊文春』や『週刊新潮』などの週刊誌もありますから、ネタの補充には事欠きません。そんなこんなで、ようやく搭乗開始の案内があり、千歳行きに乗り込みます。搭乗後、扉が閉まってからも、管制からの指示により出発待機が30分。こういう時、普通席ではなくプレミアムクラスですと、靴を脱いでスリッパに履き替え、だらーっと足を伸ばしてぼけーっとできますが、私はこうしてせっせと原稿を書いています。**ライブ執筆**です。

福岡から千歳空港へ向かう便は、ほとんど日本海上空を飛んでいます。天気がよければ、航行する船や大陸まで見えるのですが、低気圧接近であいにくの天気ですので、常時、中程度の揺れの中、とりあえず携帯端末からライブ執筆に専念します。機内でも繰り返し、千歳空港に着陸できない場合は、目的地を羽田空港へ変更……と、不安を煽るレベルでアナウンスが繰り返されます。

ディスプレイの航路表示で、青森付近に差し掛かったその時、

「ヤマモトさま、ご安心ください。千歳にはちゃんと着陸いたしますから♡」

CPさん直々、**わざわざ私にだけ**、こそこそっと伝えに来た直後、

「ご搭乗のみなさまにご案内いたします。この飛行機はあと15分で千歳空港に……」

という機内アナウンスがありました。これは、ダイヤモンドメンバー専用のサービスなのでしょうか。

なにはともあれ、羽田への目的地変更もなく、あっさり千歳空港に着陸してしまいました。イレギュラー好きとはいえ、ここは、病院で待ってくれているよい子たちのために、がんばって札幌へ向かわなければなりません。でも、もし羽田にダイバートしていたら、その後どういう行程で千歳へ向かう指示が出されたのか、知りたくてしょうがありませんでした。

結局、そうはならなかったので、対応策は教えてもらうことができませんでした。今

後、同様の**悪天候の機会を見計らって**、また福岡から搭乗してみることにします。

札幌の小児病院で約30分間、患者さんとふれ合った公認サンタクロースは、仕事をサボって応援に駆けつけてくれた同級生のクルマで病院から猛ダッシュ。札幌駅前で降ろしてもらったあとは、リモワを転がしながらひたすらホームへ向かって走り続けます。道路から駅へ入るまで、雪が降り積もったけもの道の動線が長過ぎます。

ＪＲ札幌駅は、新駅舎に建替えした際、ホームそのものが北へ大幅に移動してしまい、地下鉄さっぽろ駅からのアクセスだけでなく、南口、北口いずれのタクシー降車場からのアクセスもかなりの距離になってしまいました。まだしばらくは新函館北斗止まりで、札幌まで来る目処が立っていませんが、北海道新幹線が延伸されたら、さらに不便になるのは必至。東京メトロ丸の内線の新宿駅と新宿三丁目駅くらい近い間隔で、既存の地下鉄南北線さっぽろ駅の北に、**新幹線さっぽろ駅**を作らないといけませんね。

札幌という街は、明治の開拓時代には、賢い開拓使が碁盤の目となる都市計画を立てたり、その後は、市電網の整備、札幌冬季五輪開催時には世界初のゴムタイヤ式の地下鉄南北線敷設と、とりあえず為政者がしっかりしていました。しかしその後、街の中心部、大通駅で地下鉄南北線と交差する地下鉄東西線敷設の際、南北線とは方式が違う互換性の全くない新たなゴムタイヤ式を採用しました。もはやあと戻りできない、完全に**交通インフラ音痴な街**になり下がりました。この地下鉄東西線がJRと同じレール幅の鉄道で敷設されていれば、新千歳空港駅から千歳線経由で新札幌駅、そこから相互乗り入れをして街の中心部の大通りまで、さらには琴似駅でJR函館線に再び乗り入れ小樽方面まで直通運転が可能になり大変便利だったのに、この程度の単純なことを当時、誰も発想さえもできなかったのか、どこまでも情けなさ過ぎます。

以前、北海道新聞の連載コラムで、その地下鉄の相互乗り入れのこと、さらに、千歳空港は札幌から遠過ぎるから、いっそ大通公園をつぶして南北各2ブロックをセットバックして滑走路にすれば、世界一便利~みたいなことを書いたら、もの凄いお咎めの投書を頂いてしまいました。冗談が通じません、札幌市民は。と言いつつ、**元市民ですが。**

快速エアポートで千歳空港に滑り込み、搭乗開始20分前ちょうどに保安検査場を通過、伊丹行きのトリプルセブンに搭乗。毎年年末になるとANA便は、翌年の3月31日に失効するアップグレードポイントを、国内線のプレミアムクラス搭乗で消化しようとする客が激増。普通席はそれほどでもないのにプレミアムクラスはどの便も満席だったりします。伊丹行き最終便では、料亭の板前さんが監修したお弁当と、いつものスパークリングワインではなく期間限定のシャンパンも提供されるということで、てっきり、21席は満席で**注文の多いビジネスマン**で溢れかえっているものと思っておりました。

早朝からの移動、サンタクロースの衣装に着替え、またフッーに戻ったりと、たいしたことはない動きではあるものの、1Aに着座しCPさんからご挨拶があったのち、ちょっと油断して離陸前にウトウト……。水平飛行になりシートベルトサインが消灯、ピンポンが鳴るまで、私としたことが不覚にも寝落ちしてしまいました。

「ヤマモトさま、ただいまお食事の準備をしておりますが、お飲みものはいかがいたしましょう？」目を覚ますと、なぜかＣＰさんとＣＡさんのおふたりが、こちらを向いて微笑んでいます。ハッと気が付いて周りを見渡すと、なんと７７７-３００のプレミアムクラスに、**乗客は私ひとり。**１日６往復もしているビジネス路線で、これはいったいなんなんだ？　という状況でした。聞けば、カーテンが閉まっている後方の普通席はほぼ満員とのこと。たまたまとはいえ、この高揚感、**王様扱い**感は、ハンパありません。

「ヤマモトさま、よろしければ、お写真をお撮りしましょうか？」

大勢の客がいる場合には、これほどの**羞恥プレイ**はありません。いい年こいた大人が、配られたお弁当をテーブルに広げて、ＣＡさんから、

「ハイ、チーズ！」と何度も言われて、写真をカシャカシャ撮られるこっ恥ずかしさといったらありません。なんか、田舎から出てきて、今日初めて飛行機に乗るんですー、みたいな他人のそういう行為を見てるだけで、よくそんな恥ずかしいことができるものだと震えてしまう私が、今日に限っては、

「スミマセン、斜め正面から1枚と、前のギャレーからと、あと後ろの3Kあたりから、**ズームはしないで広角気味に**、プレミアムクラス全体が写り込むような感じで！」

などと堂々と言えてしまうから不思議です。

リクエストしたとおりにCAさんがシャッターを切ってくれます。3Kから、1Aの私に向かって、かなり大きな声で、

「イキマーーース、ハイ、チーーーーズ！　もう1枚お撮りいたしまーーーーす！」

なんていうやりとりは、カーテンが閉められているとはいえ、普通席の最前列の客には**丸聞こえ**なはず。もし逆の立場だったら、もう悔しくてアタマがおかしくなります。

ひと口しか飲んでいないペリエも、すぐにおかわりを勧められ、よっぽどお腹減っていた**可哀想なデブ**に見えたか、お弁当の他に「麻婆雑炊」も作ってきてくれました。

標準化しているはずのプレミアムクラスのサービスが、**人口密度によってムラができてしまう**という現象を経験できたことは、そろそろネタに困って、機内でいっこうに筆が進まなかった私にとって、かくなる**福音**をもたらしました。

「ダ」の章

大ベテランCP（チーフパーサー）さんの退役

「ドジでのろまなカメ」を地で演じていたかのような、堀ちえみさん主演の大映ドラマ「スチュワーデス物語」は、あらためて見ると**パワハラ&セクハラ天国**のような職場の内部事情を、作り話といえども、よくもここまで赤裸々に公開していたなと、お腹を抱えて笑える作品です。裁判の証拠資料にでもなったら、明らかになにもかも**クロ判定**になりそうな上司のハラスメントぶりに、放映当時、誰ひとりとして異論を挟まず、家庭、社会全体で、このドラマを楽しむという風潮がありました。コンプライアンスなどという言葉もなかった時代、今ならどんな些細なことでも内部告発がネットで拡散、ついには週刊誌に掲載され、さらにはテレビのワイドショーで取り上げられて、**どうでもいいコメンテーター**が上から目線で非難という流れが確立してしまいました。揚げ足取り専門と言われても仕方のない門外漢が毎朝、この人は非道だと決めつけて世論に訴えます。
当時、国営企業であったＪＡＬが、全面協力して制作されたドラマですが、法務とか労務管理に携わっていた担当者は、いったい何をしていたんでしょうね。この件だけでも、倒産してイチから出直すことができて本当によかったと思います。

その堀ちえみさんの、**自虐的過ぎる**健気な姿に心打たれ、本当に憧れのスチュワーデスになってしまったみなさんの退役時期が迫ってきております。

機内では、入社早々の新人ＣＡさんの**カワイイけどダメダメな接客**を大目に見て許してしまう心理が働いてしまうのと、ちょっと**メイクに時間をかけ過ぎ感**の漂う大ベテランＣＰの堂々とした振る舞いをとても心地よく感じるかの2パターン。私は、50歳過ぎるまでは前者でした。しかし、歳を重ね、新人ＣＡさんと世間話をしたというわけでもないのに、眺めているだけでジェネレーションギャップを感じるようになりました。

高級なクラブで、入ってきたばかりで**ぎこちないお酌をする新人**のほうがいいのか、ちょっと**経験値の高いチーママ**がいいのか、はたまた**ママ**がいいのかと、そういう事情が、航空会社の方針と搭乗する側の立場とで乖離している場合があります。ファーストクラスには、ママとチーママクラスのみ。新人は皆無です。訓練を積んで社内の資格を取得しなければ、ファーストクラスに乗務できない決まりがあるからです。

逆に、エコノミークラスには、若い新人ＣＡさんが多く見受けられます。ファーストクラスに搭乗する客は、概してＣＡに対して口うるさく文句を言ったり、**ナッツを袋から皿に出して盛らないからといって逆上して飛行機を引き返させたり**ということはありません。**世界で初めてひとりだけそういう客**がいたので、ニュースになりました。

大会社の会長さんとか、普段からゆとりある方たちの専用空間ですから、特典航空券で潜り込んで、ひたすら泡（シャンパン）を浴び続けたり、**ベッドメイキングを拒否してまで到着地まで食べ続けるデブ**は、本来ふさわしくない存在なのです。

まぁ、そういう客もファーストクラスの客として扱わないといけないことになってしまっているので、やはり経験値の高いＣＰさんが乗務しなければ、何事にも対応できないというのは理解できます。一方、優先搭乗したファーストクラスのキャビンで「高い金払ってんのに、ババアしかいないのか！　後ろにもっと若いのいるだろう！」誰に聞かせるわけでもなく、独り言を言い放つ、でも、そこには他に私しかいない状況で、見かけ社会的地位もありそうなオジさんのひと言。それを言ってはおしまいです。

機内でトラブルが起きる可能性が高いのはエコノミークラスがダントツです。わがまま な客、乗り慣れていない客、泣き叫ぶ赤ちゃん、大声の外国人と、狭い機内にひしめき合う**火種の数々**を新人に任せっぱなしにするのもどうかと。各クラスごとにCPクラスの方が乗務しておりますので対応はできていますが、エコノミークラスにこそ、勧善懲悪、**遠山の金さん**のような存在の、ファーストクラス担当の大ベテランが乗務していたほうが相対的にトラブルの件数は減ると思うのですが、いかがなものでしょうかね。

自分にさえ火の粉が降りかかってこなければ、客同士でも、客とCAさんとのトラブルでも、すべて**アトラクションのうち**と思えてしまう私にとって、極端にいざこざが減ってしまうと機内で寂しくなるかもしれませんが。

国内線ファーストクラスのおもてなし

珍しく所用があって、天草に滞在していました。第50回「天草ほんどハイヤ祭り」で、天草エアラインのみなさんと一緒にハイヤ踊りを踊りながら、街中を行進というか、私だけ、**手作りのソリに見立てた山車に乗って、**公認サンタクロースの正装で手を振ってニコニコしていただけでした。だけでしたと言うものの、気温35℃、湿度90％の中、越冬仕様の分厚いサンタ服で、毛糸で編んだミトンの手袋をはめて、2時間以上も引き回されるのは、なかなかハードです。ハード過ぎます。念のため、サンタ服を着る前と終わって脱いだ後の体重差は、ぴったり2kg。完全な脱水症状でした。

天草エアラインは、2015年から1日全10便、JALとのコードシェアがスタートしました。ハイヤ踊りの隊列の中には、JALの本社、お隣の鹿児島の日本エアコミューター、さらには同じボンバルディアDASH8を使って天草空港へチャーターフライトしている長崎のオリエンタルエアブリッジの社員も交えておおいに盛り上がりました。天草エアラインチームは、なんと審査員特別賞を受賞。受賞するなどとは社員の誰ひとりも予想していなかったため、閉会式を待たずに居酒屋で大騒ぎしていました。

天草までの往路は、羽田から熊本まではソラシドエア、熊本から天草までは天草エアラインでした。復路は、天草から福岡まで天草エアライン、福岡から羽田までは、ANAのプレミアム株主優待割引で予約。株主優待券を使って予約している理由は、天候などによる遅延で、福岡から羽田への便に乗り継げなかった場合を想定してのことです。

天草発、天草エアラインから福岡 or 熊本での乗継便で、変更不可の割引運賃等で予約していて到着が遅れた場合でも、天草空港で出発時に、天草エアラインで**遅延証明書**を発行してもらっておくと、あとの便で空席がある場合は振り替えてもらうことができるのです。が、悪天候などの理由でイレギュラー発生中の場合、少しでもみなさん早く移動しなければという状況ですから、どの便も満席の場合が多いのです。

そういう時のために、ＡＮＡやＪＡＬの株主になっておきましょうというわけではなく、駅前の金券ショップで株主優待券というのはいつでも手に入りますから、手に入れておきましょう。株主でなくても使えます。株主優待券を使うと、普通運賃の約半額で搭乗できます。当日便の予約も可能です。天草エアラインとの乗継便に限らず、便の振替をしてくれないＬＣＣ利用の際など、いざという時のために**1枚ポケットに常備**がオススメです。年末年始、ゴールデンウィーク、お盆の前というのは、高騰しています。発行直後は安価で手に入ります。また、使用期限に近付くと値崩れします。

復路、福岡から羽田までは、ＡＮＡのプレミアムクラスに乗る心づもりでいました。福岡の料亭が監修したお弁当を楽しみつつ、スパークリングワインでも飲んで、ぐっすり横になろうと思っていたのです。しかし……天草でハイヤ踊りのあと、ＪＡＬのみなさんと打ち上げをして、さらにはfacebookでお友達になってしまった都合、このあとの行動がすべて明け透けになってしまうと考えたら、2次会のあと、スマホから速攻で

ＪＡＬの株主割引でファーストクラスの予約を入れ、あらかじめ予約していたＡＮＡのプレミアム株優運賃でのフライトをキャンセルしました。

福岡空港のＪＡＬサクララウンジで、まったりと柿の種をつまみながら搭乗時間を待ちます。ラウンジからほど近い５番搭乗口ですから、最終搭乗案内がアナウンスされる出発の10分前を目標に席を立つことにします。搭乗開始直後、優先搭乗というのがありますが、ファーストクラス１Ａに乗るのですから、最後に搭乗すればいいことです。いつも同じことを言ってますが、**なにをそんなに急いで飛行機に乗る必要があるのかと。**

ベテラン過ぎるＣＰさんの、やさし過ぎる微笑みに癒されつつ、「ヤマモトさま、羽田空港までごゆっくりおくつろぎくださいませ。のちほどお飲みものをお伺いにまいります」のご挨拶から機内サービスはスタートします。

厳選された銘柄の日本酒、ＪＡＬといえば森伊蔵と言われるほど有名になってしまった高級焼酎、そしてスパークリングワインではなくシャンパン！　これ重要です。

以前はANAのプレミアムクラスでも、「ピノノワール40%、シャルドネ20%、ピノムニエ40%。フローラルな香りと、洋ナシ、ミラベル、イチジクといったフルーツの他、アーモンドやヘーゼルナッツの風味も感じられ口当たりはフレッシュでバランスよくまろやかな……」と、ソラで言えるほど好きだったニコラフィアットブリュレゼルヴか、また、「世界最古のシャンパーニュメゾンのひとつで、ヨーロッパ各国の王室御用達としても知られているシャンパーニュ」エドシックモノポールブルートップブリュットを提供していたのですが、お客様のためではなくたぶん、**コストカットという最低の理由**でたんなるスパークリングワインに変わってしまいました。

毎日激務をこなす社畜の方々が、出張帰りの自分にご褒美をと、貯めたアップグレードポイントを充当して、プレミアムクラスでシャンパンのきめ細やかな泡を楽しんでいたのですが、そんな夢の時間も**泡と消えてしまいました**。クリスマス前限定で、日本では見慣れない黄色いラベルのチャーレスコリンというシャンパンが復活しました。

フルーティで美味しかったので、私はなにも問題なかったのですが、日本人は、その味覚を楽しむ以前に、ブランドやカテゴリー、ジャンルにこだわりが強い。そもそも座り心地やサービスはさておき、普通席ではなくプレミアムクラスに座っているということに満足しているのですから、飲みものは銘柄もののシャンパンかどうかが最重要ということに、サービス担当者がまったく気付いていないというのが残念です。

社畜でもなんでもない、ただの**通りすがりの乗客**の私は、ANAのプレミアムクラスのほどほど感で十分に満足していたのですが、顔見知りから「JALのファーストのほうが断然いいよ」などと言われると、やはり無駄に乗ってみたくなってしまいます。

JALのシャンパンは、ジャンドヴィラレグランドレゼブルブリュットです。国内線ファーストクラスでも、プラスチック製の使い捨てお弁当容器ではなく、陶製のちゃんとした食器に丁寧に盛り付けられて食事が提供されます。福岡発の便ですが、北海道の知床グランドホテル北こぶしのお料理とのこと。匠の豚斜里産サチク麦王の冷しゃぶがメイン、熱々の俵ごはんは北海道の高級ブランド米「ふっくりんこ」を。CAさんが眉間にしわを寄せての「あのー……知床羅臼の間引き昆布がなくなってはしまいましたが、お味噌汁おかわりはいかがでしょう?」などという正直さ加減もそそられます。

人気のカップ麺「うどんですかい」を食べ終わると、すかさず「ヤマモトさま、『ラーメンですかい』もございますわよ。ウフフフフ……」と、たぶん**肥満客に対するマニュアル**がしっかりしているのか、前回搭乗した際も別のCAさんから同じようなタイミングで、おかわりを勧められました。ファーストクラスの客にカップ麺がふさわしいかどうかと言えば、**ふさわしいと思います**。最初にシャンパンで喉を潤し、お膳で出されたごはんのあと、森伊蔵のロックを2杯おかわりして、〆の麺というのは、ちょっとリッチな**新橋烏森口的行動パターン**。日清のカップヌードルミニとほぼ同等のサイズ、同じ日清製で、麺の中から飛行機の図柄が入った赤い極小の蒲鉾を数えながらほじくり出す楽しみというのは、大人の嗜み、機上のエンタテインメントだと思っています。

着陸に向けて降下を開始する手前で、酔い覚ましのコーヒーの注文を取りに来てくれました。お茶やコーヒーも、陶製のカップで出してくれるのが嬉しいです。そして、シートベルト着用サインが点灯したタイミングで、サササーッと片付け、ひとりひとりに「〇〇さま、本日のご搭乗、誠に、ありがとう、ございました。どうぞ、この先も、お気を付けて、お帰り、くださいませ。また、機内で、お目にかかれますように。本日の、ご搭乗、誠に、ありがとう、ございい、ました」と、搭乗から最後の最後まで、**一語一句タメまくり**のご挨拶。これも、マニュアル化されている事案なのでしょうが、CPさんの振る舞いが、たんなる作り笑顔には見えないところまで、気持ちがこもっているように感じられるのがステキ。自分も職業柄、作り笑顔の練習は毎日欠かしませんが、たんにスイッチをオンして咄嗟にできるというものではありません。まずは、気持ちをニュートラルにして、ゆっくりウォームアップして、内面から徐々に笑顔になっていかなければとてもムリです。ホンモノの作り笑顔というのは、時間も労力もかかるのです。

降機時、CPさんは、L1の外、機体から1歩出たボーディングブリッジ側に立っていました。出口で手荷物を抱えた乗客の邪魔にならないための配慮か、**余韻、絆を感じさせる演出**なのか、とても新鮮に感じたのでした。

のりひこさんの絶対温度と絶対重量

機内が暑くて寝苦しいので、CAさんに「もう少し、機内の温度を下げてもらえませんかね」と頼んだ、日系航空会社の成田発ロンドン行き機内。私ごときが「のりひこさん」として自慢できるのは、**絶対温度と絶対重量。**

本職はプロのミュージシャンでありながら、**私には絶対音感はありません。**生まれ故郷の札幌で、札幌みなみ幼稚園の年小さんチューリップ組の時、初日に「もう行かない、絶対あんなところ」と言い放ち、入会金も月謝3ヶ月分前納した分も返ってこなくて母親を泣かせたヤマハ音楽教室。幼稚園ですら「お遊戯とか、やってらんねーよ、そんな幼稚なままごとみたいなこと」と吐き捨てていた**私の扱いづらさ**といったら。自分が親になって久しい今、冷静に考えてみてあんまりな子どもだったなと。

パラダイス家の子どもたちは、ヤマハ音楽教室に無理やり通わせたというか、先生がとてもやさしくて、教え方が素晴らしかったため、幼稚園から小学校に入ってもやめずに通い続け、全員絶対音感が身に付きました。そんなの全然うらやましくないもんねー、だってラテンパーカッションなんて絶対音感なんかもともと必要ないもんねーなどと、悔し紛れに言い放っています。親として、恥ずかしくないのか、**自分。**

話が逸れましたが、絶対温度とは、今、部屋の温度が何度か、外の気温は何度かをピタリと当てることを言います。Ａｒ（アルゴン）やＨｅ（ヘリウム）など理想気体の熱膨張を計算して温度を定める……とかまったく無関係。私が勝手にそう言っているだけ。

絶対重量とは、スーツケースをパンパンに詰めたあと、片手で持ち上げ、これ何キロと、ピタリ当てることを言います。これも、私の造語、勝手に使っている言葉。自慢じゃありませんが、カウンターで手荷物を預ける際、はかりに１０４Ｌのリモワのトパーズを置いて、22・９ｋｇだったりした時の喜びは、いとしこいし師匠の「**10万円7万円5万円運命の分かれ道！　グリコがっちり買いまショウ〜！**」で、優勝したような気分です。たとえも古過ぎなら、番組に出演したことなどもちろんありませんが。

冬場の機内は乾燥しがちで、実際の温度よりも低く感じるので、冷え性のおばちゃん客のリクエストに応えていくと、どんどん温度を上げていかなくてはなりません。

乗降口やギャレー付近の壁に付いている温度計は、なぜか低めに表示されます。本来あるはずのない隙間風のせいでしょうか。正確に計れる温度計を持参して搭乗してみましたが、やはり機内に取り付けてあった温度計は、2度も低く表示されていました。

それにしても暑すぎる機内は苦手です。冬場に、サンタクロースの分厚い衣裳を着ての搭乗は**拷問**です。サンタクロースの衣裳を着ていなくとも、基本的にデブは汗っかきですからそういう環境に適応しません。汗っかきなのにまわりに迷惑をかけないよう細心の注意を払っている**寡黙なデブ**より、阪急交通社のツアーに参加している**声の大きなおばちゃん**たちの要望が優先されるというのが、いつも納得いきません。

ロンドン行きの消灯後のエコノミークラスで、ブランケットを2枚も使って全身ぐるぐる巻きになり、ミイラのような状態でトイレに行っていた、顔もやっぱりミイラみたいなおばちゃん、最後尾のギャレーで、**ミイラ姿でバナナを食べていた**情景が目にこびりついて離れません。恐ろし過ぎます。

ファーストクラス、ビジネスクラスに搭乗すると、機内着のサービスがある航空会社があります。基本的にはパジャマだったり、インナーウェアみたいなものなのですが、素材の風合いもよく、着たあとおみやげに持って帰っていい場合もあります。

私は残念ながら、これまでサイズが合ったためしがなく、ギリギリ着られたとしても、逆に呼吸が苦しくなったり関節が動かしづらくなったり。パッと見、かなり**太めのソーセージ**のような状態になり、トイレから着替えて出てきた時、CAさんに**両手を叩いて大笑いされた**苦い過去があります。ファーストクラスのおもてなし、客の品格がどうだとか書いてある元CAさんの本には、そういう客のことについてはまったく触れられていません。同じファーストクラスの客です、と言っても特典航空券利用なのですが。

加賀蒔絵タグ vs チタニウムタグ

救命胴衣の付け方などのデモンストレーションを、ビデオモニターではなく生身のＣＡさんがやり始めるのはちょっぴりわくわくするものです。中には、それだけでのために、わざわざ小さい飛行機に乗って**コーフンするオヤジ**もいます。大きな飛行機であっても、モニターの調子が悪かったりした時、「ただいまより機内安全の……」と突然デモンストレーションが始まることがあります。ラッキーだと思わなければなりません。「救命胴衣が十分膨らまない時はノズルから息を吹き込みます」**のくだりが**いいです。

航空会社各社の機内安全ビデオの作り込みは、年々クオリティが上がってきており、今までどちらかというと、私個人としてはあまり興味の対象にならない部類のことだったのですが、最近は神経を集中させて見ることにしています。

ＡＮＡの最新の機内安全ビデオで、ひとつとんでもない箇所を発見してしまいました。

サラリーマン風の男性が、アタッシュケースのような手荷物を上の棚に入れる際、その取っ手に金色のタグが付いているのです。実はそのタグこそ、ミリオンマイラーの証である100万ライフタイムマイルを達成したマイレージ会員にだけ**そっと**送られてくる、金箔にレオナルド・ダ・ヴィンチのヘリコプター、ANA Million Miler の文字が光る輝くもの。**加賀蒔絵**の伝統工芸師が持てる技術を駆使し、1ヶ月超えでひとつひとつ手作りしているという非売品の激レアタグなのです。

アナタ、どんだけ会社の出張で飛行機に乗っているんだよ！　と、思わずツッコミを入れたくなるわけですが、さらにそのビデオでは、もともと上の棚に収まっていた別の鞄に赤色のタグが付いてます。それは、100万ライフタイムマイルの金のタグのさらに3倍、300万ライフタイムマイル搭乗した方であらせられる証のタグなのです。

これもまた加賀蒔絵の技法で、ルビーの原石をかなづちで砕き、その破片を乳鉢で粉末状になるまですりおろし、12層塗り重ねて研ぎ、金粉を4層塗りという、300万ライフタイムマイラーにふさわし過ぎるほど手間のかかった**美術工芸品クラス**のもの。

もし本当に、300万マイラーの隣に100万マイラーが、「あっ、どうも失礼します」と言って座った際には、たとえ初顔合わせであっても、さぞかし飛行機ネタ、マイルネタで盛り上がりそうな気がします。100万と300万の違いは、ダイヤモンド会員の資格を失ったあとも、生涯「ANA SUITE LOUNGE」に無料で入れる権利が付いてくることです。スイッチが入ってしまったアナタ、どうぞどうぞ、この赤タグ目指して、せっせせっせとご搭乗ください。

ちなみにその中間に、七色の夜光貝を細かく砕いた青い螺鈿、200万のタグも用意されています。こちらも、生涯「ANA SUITE LOUNGE」に無料で入れる権利付きですので300万との違いは特にありません。実際これらを手にした方はどのくらいいらっしゃるのかしら？　200万マイラーの顔見知りはおりますが、300万マイラーは今のところまわりにはおりませんね。

この制度がスタートして、100万マイラーの金のタグはすぐに私にも送られてきました。あまりにご立派過ぎなのと、そのようなゴージャスなタグをカバンにぶら下げて他人に**見せびらかすという趣味もない**ので、ありがたく大事に家で保管しています。

金のタグが送られてきたあと、もしかしたら既に達成済みの50万マイラー用の黒い漆タグ、それから、ANAとパートナー航空会社の合算で100万ライフタイムマイルを達成した方に送られる、ミリオンマイルタグシリーズ中で唯一、青い革製ホルダーに包まれた、白い螺鈿のタグももらえるかどうか、図々しくもダイヤモンドデスクに電話して尋ねたところ、「ハイ、それではお送りさせて頂きます。お名前を入れるのに少々お時間を頂きます。しばらくお待ちくださいませ」と、あっさりOKのお返事。うーむ、ということは**電話しなかったらもらえなかった**ということのようです……。

先日、ネットオークションで出品されているのを生あたたかく見守っていたところ、100円スタートの100万マイラーの金タグが、11万9000円にまでなって落札されておりました。裏にアカの他人の名前が刻印されている金のタグに、そこまでの価値があるということを初めて知りました。この落札者の方、11万9000円分、好きなところへ飛べばいいのになぁ〜と、他人事ながら思ってしまいました。落札したタグを、なにに、どういうシチュエーションで使うかも興味あります。

いざという時、家財をすべて処分してもなお困窮したら、「パラダイス山元の50万ライフタイムマイルタグ、ANAとパートナー航空会社の合算100万ライフタイムマイルの白い螺鈿のタグ、100万ライフタイムマイル金色のタグ」の3種をまとめて出品させて頂きます。**アラートに「パラダイス山元　タグ」と登録**しておいてくださいね。

この手のタグが飛行機乗りとしてのステイタスの証だと信じて疑わない向きには、ANAの、あまりに高過ぎてどれも無理で手が届かなそうなタグ取得を目指すより、JALの生涯実績プログラム「JGC Life Mileage」のほうが現実的かもしれません。

通称「亀タグ」と呼ばれている、亀甲型の革ホルダーに収まったそれらの基準は、このようになっています。

●通算国際線15万マイルあるいは国内線300回達成　紺四角タグ
●通算国際線25万マイルあるいは国内線500回達成　緑亀タグ

●通算国際線50万マイルあるいは国内線750回達成　茶亀タグ
●通算国際線75万マイルあるいは国内線1000回達成　赤亀タグ
●通算国際線100万マイルあるいは国内線1250回達成　黒亀タグ

国際線はマイル、国内線に関して搭乗回数のみで判定されるというのが、ANAとの大きな違いです。国内線の**「回数」という単純なルール**は、社畜の皆さんに限らず初心者にも目標が立てやすいと言えましょう。飛行距離もまったく関係ないですから、羽田―石垣などの長距離で修行する必要はなく、短距離の離島路線だけで達成しても、誰からも一切お咎めがありません。

実は、黒亀タグのさらにその上に、**JALの整備士がチタニウムを加工して**作った、通称「メタル」という達成基準非公開サービスのタグが存在します。通常より国内線は2週間早く、国際線は5日早く先行予約ができるという最上級の扱い。最も混み合う時にしか休暇が取れない、家族持ちのエリート社畜には使い勝手がよさそうです。

修行して「メタル」を手に入れたという方は、いまだお会いしたことがありませんね。

健康体でもスペシャルミール

生活習慣病ですか？　糖尿病ですか？

ファーストクラス、ビジネスクラスならもちろん、エコノミークラスであっても、搭乗後のお楽しみと言えば、もちろん機内食です。同じ月に、同じ行き先の便に何度も乗ると、何度も同じごはんを食べることになるのですが、これを回避する有効な手段が、スペシャルミール。事前に、ＷＥＢから簡単な操作でオーダーできるすぐれものです。

一例を挙げると、「低塩ミール」「糖尿病対応ミール」「低脂肪ミール」「低カロリーミール」「七大アレルギー対応ミール」「25種アレルギー対応ミール」など、**健康のためなら死んでもいい**という私のためにあるような機内食がずらり。名前からでは、イマイチそそりませんが、たとえば、糖尿病対応ミールのメニュー構成は、脂肪分の少ない赤身肉、繊維質の多い食物、新鮮な野菜、フルーツ、シリアルと、糖尿病予備軍なら毎日飛行機に乗って食べなければというほどパーフェクトなラインナップです。

羽田―シンガポール便のエコノミークラスで、他人より早く食べたかったとかいう理由……からでは決してなく「低塩ミール」をオーダーしてみました。スペシャルミールをオーダーすると、ワゴンで運ばれて来て一斉に配膳される通常のプレートよりも前に、CAさんが個別対応で真っ先に運んで来てくれます。ごはんが運ばれて来るのが一番遅いエコノミー後方の席などをアサインした場合、スペシャルミールオーダーはかなり有効と言えます。「あの人だけ、なんで真っ先にごはんが運ばれて来るんやろ」襟や胸元に**阪急交通社のバッジ**を付けたおばちゃんたちの恨みに近い反応を、いちいち気にしていてはいけません。周囲の羨望の眼差しに耐えつつ、テキパキと美味しく頂いて、お手洗いが空いているうちにさっさと行きましょう。時間も有効に使えます。

「低塩ミール」自体は、高血圧や心臓病、腎臓病を患っている客への食事なのですが、期待以上の美味しさでした。ナトリウムが控えられ、生野菜、クラッカー、パスタ、脂肪分の少ない肉、低カロリーのマーガリン、ドレッシング、クッキーバー、デザートと、大変バランスのとれたメニュー構成でした。隣の人が頼んでいた通常メニューよりも、おかずが1品多かったっぽいです。**ラッキー！**

機内食の、**調理現場の内幕**のような番組を見るにつけ、料理人たちの配慮や努力に対して敬意を払わずにはいられなくなるのですが、私も会員制の餃子レストランを営む身として、食べた瞬間お客様が「美味しい！」と満面の笑顔で発してくださることが最大の賛辞であり、料理人としての満足、そして励みになるものです。その1点だけでも、機内食のケータリングの料理人は、アンケートなどであとあとフィードバックはあるものの、直接的な感想を客から聞けないという点は、案外ツライことなのではないかと、つい心中を察してしまうのです。

だからこそというわけではありませんが、一般的なメニューでより美味しい機内食を創造する、さらに健康のために細心の心配りがなされた食事を作る現場に思いを馳せ、どれもぜひ味わっておかねばという思いにかられるのです。私はいたって健康体ですが、

「健康のための心配りの特別機内食は……ご遠慮なくご予約ください」とWEBに表示されている航空会社では、遠慮せずオーダーしたほうがいいと思います。

私は特にそう感じたことはないのですが、地上に比べて機内のほうが味覚が鈍感になると言われているらしく、通常の機内食はもともと**全体的に濃い味付け**になっていると、機内食製造業務に携わっている方がおっしゃっていました。塩、胡椒とか、別に付いているのですがね。

健康志向の機内食メニューは日本の航空会社が常に一歩リードしている感があります。この先高齢化が進み、持病持ちばかりが飛行機に搭乗する世の中になるわけですから「フイッチドーユーライク？　チキン　オア　ビーフ？」ではなく、「フイッチドーユーライク？　**ハイカロリー　オア　ローカロリー？**」になる日も近いと言えましょう。

世界じゅうで、BENTOという言葉が流行りだしています。日本のお弁当技術がそのまま生かされた機内食の進化は止まりません。たぶん、近いうち、**蔓餃苑のクリスピーフライドポーク**も機内食で提供できる日も近いと思います。どうぞ、ご期待ください。

申し送りメンバー

「ヤマモトさま、ご承知かとは思いますが、本日はこちらのメニューの他にも、うなぎ丼、特製チーズバーガー、ラーメンなどのご用意もございますので、いつでもお声がけを……」などと、到着地まで**一睡もせずに飲食し続ける**ことを確定的に予測している対応から、出発前のブリーフィングで、食い意地張ったデブがビジネスクラスに乗り込んで来ると、乗務員の間で話題になっていることは容易に想像できます。

「焼酎ロックのダブルに、今日もカロリーオフのコーラにいたしましょうか？」に至っては、ひと月前に搭乗した際、CPから勧められるがままに、カクテルもどきの飲みものを頂いたやりとりが、**申し送り**として伝わっているという証拠です。

とは言えそういう事例は、エコノミークラスの客ではせいぜい**リマーク客**かどうか程度の情報しか伝わっておらず、ファーストクラスの常連客であったり、ダイヤモンドメンバーに限って、かなり詳細な申し送りがされているものと推測されます。

国際線のエコノミークラス後方で、搭乗直後に隣の女性と親しげに会話していると、「ヤマモトさま、今日はお仕事でいらっしゃいますか？　プライベートでしょうか？」（なんでダイヤモンドのくせに、女とふたり連れで、ミールも選べなくなるようなこんな後ろにアサインなんかしおって）と、素直な直訳をスルッと感じ取ってしまいます。「ヤマモトさま、それではなにかありましたら、ご遠慮なくお申し付けくださいませ」（妙なデブダイヤだけど、リマークでもないし、まぁ、ほっといてもよさそうね）涼しげなご挨拶をされてギャレーへ戻られて行きます。そして、本件も申し送りです。

悪意は一切なくとも、口に出した言葉からストレートに意味が受け取れないということは、閉鎖空間の機内で起こります。震災避難所の体育館とかでも起こりがちです。

乗務員も搭乗客も緊張感を持って、お互い、コミュニケーション能力を鍛錬する場なのだとしみじみ感じる、緊迫したエコノミークラス後方席なのでした。

天草エアラインATR新機材のデザイン

日本で最初として、天草エアラインへの導入が決まった、フランス製ATR42－600というプロペラ旅客機のカラーリングデザインに関わることになりました。そのデザインの発表は、折しも東京五輪のシンボルマークが、ベルギーの劇場のシンボルマークをパクったのではないかと騒がれ、一連の作品の盗作問題が表面化し、さらにアルコール飲料の景品であるトートバッグが、実はパクリだったと判明した日でした。

自動車、鉄道と、男の子の夢だったをあれこれを、なんでもかんでもデザインさせてもらえて私の人生は幸せだった、あとは人生の下り坂を思いっきり転げ落ちて行こうと決意した矢先、BSフジ「東京会議」番組内の、天草エアラインの塗り替えプロジェクトのメンバーに指名される機会に恵まれました。

私を指名したのは、「東京会議」のレギュラー、ホフディランの小宮山雄飛さん。天草エアラインを新しく塗り替えて新しいデザインとするには、プロダクトデザイナーとか専門家に頼むべきだろうと、小山薫堂さんとお話されていた時のこと。その数週間前に小宮山さんが「12万マイル貯まったので、パラダイスさん、どうやって使ったらいいでしょうか?」などと、**マイルコンサル**で盛り上がっていた私のことが閃いて、そう言えばと、私が元SUBARUのカーデザイナーだったことも連鎖的に思い出し、ちょっと本人に直接電話してみようとなったのだそうです。

担ぎ出されたところで、地元から親しまれる航空会社、それ以上に全国から愛される機体を目指すのなら、賞金をかけてでも公開コンペをしたらどうかと提案しました。賞金は、偶然にも2020東京五輪のロゴマークデザインと同じ100万円也。

イルカウォッチングのメッカ天草ということで、初代のデザインもイルカがモチーフになっていたこともあり、コンペで親子イルカの案に決まりました。話題性もさることながら、飛行機の写真を高級一眼レフ＋超高額な望遠レンズで撮る**空美ちゃんなどによる捕捉**も意識した、子どもや女性から愛されるデザインの選定を強く意識しました。

鉄道に限らず、最近は飛行機でも、子どもに媚びたアニメキャラクターとのコラボだったり、機体の一部にただ**キャラクターをペイントしただけ**のイケてない飛行機が増えてきています。正直、私の目には、どの機体もイケていないばかりか、デザイナー不在のやっつけ仕事のようにしか映らないものばかりです。

デザイナーもそうですが、そういうディレクションが社内だけでなく、外注の広告代理店であってもきちんとハンドリングできていない事例が多過ぎて、イケてなさ過ぎるデザインの車両、飛行機が日本じゅうに溢れまくり、周辺の環境をぶち壊しにしています。

飛行機のエクステリアデザインが自動車や鉄道と違うところは、**360度すべて人の目に触れる**という点です。自動車と鉄道の下部、足まわりは、普段目に入らないものですが、飛行機は飛び立ってしまうと、下界からは機体の底、主翼の裏側まですべて見えてしまいます。プロペラ機の構造上、主翼に付いているエンジン部分を、積極的にデザインモチーフとして活かせないかということをコンペの募集前に呼びかけたところ、エンジン部分を子どもイルカに見立てた応募作品に注目が集まりました。

親子イルカ号の新塗装がデビューしたことによる、天草エアラインの知名度の上昇、経済効果は計り知れなく、それまでローカルエアラインとして知る人ぞ知る程度の存在だったのが、雑誌やテレビで繰り返し取り上げられるようになり、一躍全国区の人気乗りもののナンバーワンに躍り出ることになりました。


そのボンバルディア機の製造が終了、今後の部品調達は困難と判断し、新機種導入の計画が動き出しました。滑走路が1000メートルしかない天草空港で、39人乗りからもうひと回り大きな機体をという地元の要望。そして、購入費用、メンテナンスの問題を総合的に判断した結果、フランス製ATR42－600の導入が決定しました。

そこで、ひとつ新たな問題が浮上しました。コンペまでして決まった人気抜群の親子イルカのデザインを、新機材に継承するか否か。社内の一部には、再度コンペを行って、また話題作りから仕掛けようという意見もありましたが、私は親子イルカ号のイメージをそのままトレース、**新機材に丸々コピーする**という案を積極的に押しました。

コンペで親子イルカの案が採用された神奈川県在住のデザイナー・横田青史さんに、新機材に合わせたカラーリングの指示を出しました。ボンバルディアのスリムな機体から、機首部分、お腹にある足回りも含め、若干ボテッと太った感じのイルカのイメージに変わるのではと予想していましたが、実際、世界に唯一無二、オリジナリティ炸裂のイルカに見立てたカラーリングは、機種が変わってもぴたりと収まりました。

今後も一機しか持たない天草エアラインの場合、デザインの継続性こそが重要であり、新規にデザイン変更した場合のイメージの混乱、それに伴う余計な支出に関して持論を述べさせて頂きました。

議論が社内で真っ二つに分かれたのは、インテリアのカラーリングに関してでした。中古のリース機体ではなく、イチから発注、組み立てと、新たに製造する機材のカラーリングですから、これに関しては攻めのデザイン開発が不可避と思っていたのですが、これまで他社のATRの機内インテリアのカラーバリエーションの写真などを参考に、「こんな感じが妥当じゃないかと思いますが、どうでしょう」といって提示されたカラーサンプルの組み合わせを見た瞬間、目眩がしました。たとえると、居間の畳に寝っ転がる**ラクダのももひきを履いたオヤジ**のような色彩。ダサイとかいう以前に、そこら辺の一般家屋の情景みたいなイメージのカラーリングに、これはもう、本当にどうにかしてあげないととんでもないことになるな、と危機意識が芽生えました。

天草エアラインには、総務、営業、整備、運航など、一般的な部署はあるものの、デザインに関わる部署というのは、もともとありません。そもそも、社員総出、一丸となってなんでも手作りしてしまう社風が根付いているため、毎月の時刻表と年間カレンダーの印刷以外、外注するという意識もあまりありません。それが、天草エアラインのよさと言えばよさと言えなくもないのですが、新機材のデザインに関しては、せっかく親子イルカの外装のカラーリングが継承されることになったのに、このままではインテリアで失敗するのが目に見えていました。

個々のデザイナーの資質や実力は重要なことです。しかし、ここは私が、自己主張の激しいデザイナーの存在より大切な、アートディレクターのような、モノの組み合わせなどをあれこれをセレクトしていく、**トータルでコーディネーターとしての役割を担う専門家**に徹したほうが理解されやすいと、私自身で判断しました。

デザイン料の契約とか言い出したところで、第三セクターの会社に対して、意味不明と捉えられかねない状況というのも十二分に理解していたつもりなので、そういうことはさておき、まずは社長以下、専務、部長らを集めて、様々な角度からインテリアのカラーリングの重要性について、議論を交わしました。

とは言うものの、誰ひとりとして私に同調したり、納得したわけではなく、みなさん半信半疑で、私の熱弁に対して懐疑的に耳を傾けていたという状況でした。**無難な着地点を期待されていた**のも理解していました。独創的な企画は、往々にして反対されるというのが日本の風土。しかもそれが、**天草です**。

なおさらかどうかはわかりませんが、島国の中の、さらに島に、新しいなにかを持ち込む、説得させる難しさ。私自身には、そんなスキルもテクニックももともとあったわけでもなく、誠心誠意、誠実にわかりやすく説明するしかありませんでした。しょうがないです。他のみなさんも、これまで前例のない仕事に向き合っているのですから。

ATR42－600のシートを含むキャビン全体のスタイリングは、イタリアの巨匠デザイナー、ジウジアーロ氏が、イタリア語でアルモニア（ARMONIA）、ハーモニーという意味で名付けたデザインコンセプトで、端麗と静寂と快適の3つの要素を調和させています。ジウジアーロ氏は、私がSUBARUデザインセンター在籍中、アルシオーネSVXのスタイリング開発でご一緒させて頂きました。27年ぶりに、**今度は飛行機でタッグを組ませて頂く栄誉**にあずかりました。プロダクトデザイナー冥利に尽きます。

インテリアのカラーリングで私が提案したのは、世界の旅客機の中で、最も目の覚めるような明るいキャビンでした。**親子イルカの胎内**はこんなことになっているんだ！

という意外性と、快適性を同時に追求、具現化することでした。

そして今、天草市が、市役所の中にサンタクロース課を設置するほどまで、日本で最も永きにわたってクリスマスを祝い続けてきた史実に注目。一丸となってその歴史を大切にしていこうという機運を、機体のデザインに取り込めないか熟考しました。

地元の方にも観光客にも直感的にイメージを共有、認識してもらえるよう、クリスマスをイメージして、本革シートを鮮やかなレッド、シートベルトには眩いばかりのグリーンを選定しました。シートの存在感を際立たせるべく、天井、壁の明度を限界まで上げました。そして、乗客が直接手を触れるアームレスト、シート背面、テーブル、シートポケットの樹脂部品、床、通路のカーペットは、明度の高いレッドのシートカラーと対比させ、ダークグレー系でコーディネイト。

ジウジアーロ氏の細部にまでこだわったモダンなスタイリングを最大限、効果的に引き立たせ、全体に破綻のないよう気を配りました。さらに、客室のみならずキャビン後方乗務員用のジャンプシート、ギャレー、トイレまで、搭乗客の目に触れるところすべてのカラーリングに携わりました。

私がもっとも強く主張したのは「汚れがすぐ目に付く壁、物入れ」でした。目的地に到着後、パイロットを含む乗務員全員で、次の出発までの短時間に、てきぱきと機内清掃をしている天草エアライン。汚れを目立たなくするごまかしのデザインではなく、**どんな汚れもひと目で見てわかる、**彩度が高めのオフホワイトにすることで、的確に清掃する場所がわかるようになります。

搭乗客も、汚さないように注意しようという気分になるのです。新機体のお披露目会で、大手航空会社の部長さんが「うちでは、絶対にこんなカラーリングの採用は無理」とおっしゃってました。独自のメンテナンスであるという点で、天草エアラインだからこそ可能なことを推し進めました。

旧型のボンバルディア機では、右エンジン下の車輪の格納扉に、くまモンが描かれており、離陸と着陸、各5秒間、右側窓側の搭乗客だけが、**逆さくまモンを一瞬楽しめる**

というサプライズな仕掛けを施してありました。

天草を訪れるたび、空港から車で10分ほどの距離にあるホテルアレグリアの上をかすめて、毎日時刻表どおりに親子イルカ号が飛んでいきます。露店風呂ペルラの湯に浸かりながら、頭上をかすめる機体を眺めていると、親子イルカが描かれているはずなのに、それが肉眼ではよくわかりません。私が**齢を重ねたことによる視力の低下**のせいでもあるのですが、真下から飛行機を見上げた場合、胴体の下しか見えませんから、角度的にわからなくて当然です。

何度かその光景を見ているうちに、胴体の下、イルカのお腹まわりは、実はものすごい利用価値があるスペースではないかと閃きました。**全裸でです。**

福岡空港や伊丹空港に着陸する際、航路沿いの倉庫の屋根や店舗の屋上に、ロゴが大きく描かれているのを目にします。**その逆です。**

ジェット機より飛行高度の低いプロペラ機の特徴を生かし、機体下に、くまモンのサンタクロースバージョン「モンタクロース」を大胆に大きく描いてみてはどうかと提案しました。塗装コストがかさむからダメ出しされると思っていたのですが、社長以下、社員のみなさんが、それはいいアイデアだ！　と飛び付いたのは意外でした。胴体中央部のタイヤが格納された部分をくまモンの目に合わせてみたり、デザイナーの横田さんとATRの設計者とも知恵を絞り合いました。最終的には、モンタクロースが**コバンザメのように**機体後部に張り付いて飛んでいるイメージに落ち着きました。

2015年8月21日、フランスから6日間かけてフェリーフライトののち、阿蘇くまもと空港に着陸する際、滑走路上をローパスしていった親イルカのお腹に、モンタクロースがしっかり確認できた時は感無量でした。

多くの、**乗らない人に対する**、積極的なデザインアプローチという発想。空を見上げて、いつかあのモンタクロースと一緒に、天草エアラインの親子イルカ号に乗ってみたいなと想起されるようなデザインが誕生したのです。

2016年2月20日、ついに就航の日を迎えました。天草、福岡、熊本、伊丹で行われたセレモニー全4ヶ所で、来賓としてテープカットをした公認サンタでした。

「イ」の章

ダイヤモンドピーポー

スターアライアンスとワンワールドをバランスよく乗って、できることなら両方最高位のステータス「ダイヤモンド」になろうというのは、海外出張に頻繁に出かける上場企業の会長や執行役員ならまだしも、社畜と言われている社員だと、せいぜいどちらかのアライアンスでダイヤモンドホルダー、どちらかはプラチナ、サファイア止まりというのが限界かもしれません。1年おきに、両アライアンスのダイヤモンドを交互に、事前サービスで取得、実質両方キープという方もおりますが、そのメリットは、微妙です。ステイタスは取得しても、翌年、どちらかにパタッと乗らなくなってしまうのであれば、その恩恵はほとんど受けられないも同然です。いや、**乗りまくればいいだけの話**でした。より多くご搭乗頂いて、両方ともステイタス維持に努めましょう。

ANAで言うプラチナ、JALで言うサファイアさえ取得しておけば、海外の提携航空会社のラウンジも使えますし、無理してまでWダイヤを目指さなくてもよいのではと私が言っても、やはり目指したい方はいるでしょう。**やっぱり、**がんばってください！

日本の航空会社は参加していませんが、デルタ、エールフランスが加盟しているスカイチームの最高位、ダイヤモンドメダリオンを獲得して、3大アライアンスの頂点をすべて極めて頂くのもよろしいかと。この際、阻止したり、そんなことヤメておきなさいなどとは申しません。もうただひたすらガンガンご搭乗ください。**お背中押します。**

特定の地域の出張が多い方で、海外の航空会社、たとえばキャセイパシフィックや、中東の航空会社の最高位ステイタスをキープし続けると、年末にホテルのクリスマスパーティに招待されたり、ゴージャスなタグが送られて来たりと、国内の航空会社の毎年恒例なサービスとはひと味違っていて、ちょっと嬉しくなります。

タイ、バンコク在住で、日本との行き来以外に、仕事やプライベートで、香港、インド、ヨーロッパなどへ頻繁に飛んでいる方で、飛行機の中でたまたま知り合いになった「**スーパーのりひこさん1号**」は、キャセイパシフィックのマルコポーロクラブの上お得意様。羽田のラウンジに入るなり「イラッシャイマセ、◯◯サマ」の**ご挨拶プレイ**から始まる厚遇ぶり。常連客ならではのサービス。こういうサービスを好むか好まざるかは、人それぞれだとは思いますが。

公認サンタクロース活動でスケジュールが超タイトな年末に「パラダイスさん、たまにはサンタの衣装を脱いで、マルコポーロクラブのクリスマスパーティご一緒しませんか？」と誘われました。「ん？　サンタの衣裳を脱いでって、パーティに**裸で？**」

振り返ってみれば、福祉施設や特別支援学校などのクリスマス会、ホテルのパーティと、これまで18年間にわたって数え切れないほどクリスマスパーティに出かけていますが、公認サンタクロースの**正装以外**で行ったことなど、ただの一度もありませんでした。

裸で、ではなく、**普段着で**という意味でした。いつもの早とちりでした。

誘われるがままノコノコと、皇居前のホテルの宴会場に行ってみると、ＣＡ姿のみなさんのゴージャスなお出迎え。入口で「お名刺を1枚こちらへどうぞ」と箱へ投入させられます。ウェルカムシャンパンに続いて、豪華なフィンガーフード、クリスマスムード溢れるステージアトラクションなど、久しぶりに**全身受け身で**味わうクリスマスパーティ。さぁ、ぼちぼちこの辺でサンタさんが登場するのだろう、いやここでホンモノの公認サンタクロースが出てきたら、それはそれはエライ盛り上がりになるのになぁ〜、などとひとりでニヤニヤしつつ、最後まで平服でパーティを楽しませて頂きました。サンタさんは結局最後まで現れませんでした、**ここにおりましたのにね。**

パーティの〆は、お楽しみ抽選会。最初に入口のレセプションで箱に入れた名刺を引き当てるのですが、その賞品が素晴らしい。羽田―香港のビジネス往復航空券、ペニンシュラホテルの宿泊券など、とにかくすべてが豪華。キーホルダーとか記念品のボールペンみたいなセコい景品の類は一切はありません。当選を喜ぶ隣の招待客の笑顔を眺める、公認サンタクロース。帰りしな、ビジネスクラス搭載のワインのフルボトルを頂きました。家に帰っても、楽しかった余韻が感じられる素敵な演出でした。こういうの大事です。日本の航空会社もクリスマスパーティを開催してくださいね。

世界三大アライアンスの最高位ステータスをすべて保持し続けている「**スーパーウルトラのりひこさん2号**」とも、飛行機の中で偶然お知り合いになりました。真冬の羽田—新千歳を、トリプルボーナスマイルキャンペーン中だからと、連日4往復とかしているうち、機内でたまたま席が隣同士になり意気投合してしまいました。

真冬の新千歳空港は、降雪で大幅に遅延したり欠航したりとしょっちゅうお祭り状態になりがちです。そんな時、足止めを食ってサッポロクラシック生ビール飲み放題のラウンジでプチ宴会になり、これまでにも、離島便タッチの予定が悪天候で復路欠航、島流しになってしまったことなど、聞いているとお互いあれもこれも同じ経験をしているではないですか。愛用のキャリーも、飛行機乗りに多いリモワではなく、TUMIです。その取っ手部分には、名だたる航空会社の最高位のタグが、**不必要なまでに**いくつもぶら下がっています。これには、男のマロンを感じます。いや、**ロマンでした。**

よくもこんなに毎年、毎日毎日搭乗しているなと、この私でも驚くその方とは、国内線ターミナルの搭乗口、国際線のラウンジでも、さらには那覇空港と、お互いなんの連絡もしていないのに、よく**ばったり出くわします。**類は友を呼ぶ典型ですね。お互い、飛行機の中で暮らしているのでは？　と、会うたびにニヤけてしまいます。

ダイヤモンドサービスで私が一番好きなサービスは、優先搭乗でも、ファーストクラスラウンジの食事でも、小山薫堂さんの事務所から派遣されている**若手放送作家による靴磨きサービス**でもなく、メンバー専用オペレーターさんとの直接やりとりによる国際線特典航空券の発券です。近年は、マイル関連の制度の改変があまりにも多く、いくら研究していても次々に制度が変わってしまいます。マイル攻略本の類などは、出た瞬間に制度が大幅改変されたりで、もはやまったく参考になりません。

マイルを使った国際線特典航空券は、以前なら、地道に航空会社のサイトから乗りたい区間を指定していけば最後にマイル減算の決済画面が出てきたのですが、ちょっと複雑な行程や、**ホンマなに考えてますのアンタ！　みたいな行程**だと、途中でフリーズしたり、計算ができなくなって「オペレーターに直接お問い合わせください」と表示が出たりしてしまいます。ならば最初から、携帯電話からでも無料で、とっても親切なダイヤモンドメンバー専用オペレーターさんとやりとりするに限ります。

ロンドン単純往復の特典航空券を、往路エコノミー、復路ファーストクラスで予約を入れようとした際に、「山元さま、お帰りのロンドン発のファーストクラスですが、ヒースロー空港のファーストクラス利用の空港税3万4820円は、マイル減算以外に別途お支払頂くことになりますから、往路をファーストクラスにしたほうがお得ではないでしょうか」などと、痒いところに手が届く**神対応**。

また、同じアライアンスの航空会社をいくつもまたいで乗る場合などは、端末を操作しながらの対応になります。直行便に空席がなければ、想定外のトリッキーな経由便を提示してもらえたりということもあります。Googleで確認するまでまったく知らなかった、ローカル空港を経由地として乗り継いでの旅は、さしずめ**空のミステリーツアー**。

最終目的地まで、時刻表片手に緻密に計算して乗り継ぐ「乗り鉄」に比べると、比較にならないほどイージーに思えますが、**そのとおりです**。時刻表上で可能かどうかよりも、本当に乗り継げるかどうかという判断は、飛行機の場合、素人では不可能です。オペレーターさんに身を委ねるようにリードしてもらいながら、目的地までの経路をあれこれ探る。**自宅で飛行機のある暮らし**、って本当に素敵過ぎます。

百戦錬磨のオペレーターさんとしては、この程度の客のあしらいなど朝飯前なはずで、たぶん涼しい顔をしながら端末を叩いているのでしょうが、平会員に比べて圧倒的に**ワケわからないレベルの客**に対応できる、ダイヤモンドメンバー専用オペレーターさんのスキルは尋常ではありません。

会話の最後に、ニッコリ（たぶん）、ほっこりとやさしく語りかけてくる「担当の◯◯でした。お気を付けて行ってらっしゃいませ」に、**キュン死**しかけます。

ピーチボーイズとバニラガール

成田空港の近くに住んでいるみなさんにとっては、飛行機の離発着のたびに轟音が鳴り響き、いまだに反対闘争そのものを引きずっていたりと、あそこはあれこれ不都合なことばかりでした。しかし、ＬＣＣの予想以上の普及で、日本一安価にどこでも行ける便利なポートシティーに変貌しました。

目的地に到着するもまたすぐに出発地へ戻ってくる**タッチ搭乗を推奨**している私が、関西国際空港の対岸の泉佐野市に住んでいる友人の、ＬＣＣ三昧、毎日タッチしまくりな飛行機のある暮らしっぷりを、ちょっぴりうらやましく思うだけでも、今までの**自分を全否定**したくなるほど悔しくなります。

関西国際空港は、対岸までの連絡橋が自動車専用道なので、徒歩や自転車では行けませんが、成田空港へは自転車で行けるのをご存知ですか？　空港職員と共用の無料の駐輪場へ停めさせてもらえます。東京からは自動車でも1時間かかりますが……。
いかに成田空港へ、徒歩や自転車で訪れる人が少ないかを象徴するかのような、空港周辺の草ぼうぼうで世界自然遺産に推薦したくなるほど悪路の歩道には、ちょっと閉口します。そして、誰のためのなんなのか意味不明な、日本の県庁所在地やら世界遺産を紹介するタイルが、歩道にこれでもかというほど埋められています。**成田空港から外国人が徒歩で東京に向かう**ことを想定していたのでしょうか。ここは、やっぱり世界遺産に推薦したくなるほどの場所です。

ポケットにパスポート、空港まで自転車、そこから、ケアンズ、ゴールドコースト、香港、マニラ、台北、ソウル、那覇、奄美大島、熊本、福岡、札幌……へ、キャンペーンのたびにタダ同然で往復する**ピーチボーイズとバニラガール**。飛行機に乗るのはマイル獲得のためと断言してきた自分よりライトな「のりひこさん」が誕生しています。

いまさらながらの、おもてなし

日本の航空会社や空港で、5つ星を獲得しましたと誇らしげに掲示されているのを、最近よく見かけるようになりました。星を認定しているのはイギリスのリサーチ会社。世界の空港、航空会社、CA、ラウンジ、機内エンターテイメント設備、メンテナンスなどを調査し独自の格付けを行っていて、**航空業界のミシュラン**とでも言う存在にあたるのでしょうか。

毎年160カ国以上、1800万人の世界最大の乗客アンケート調査、投票をもとに選出するという「ワールドエアラインアワード」「ワールドエアポートアワード」「航空会社レーティング」「空港レーティング」。いったいどういう価値基準で、世界に調査員が何名いて、それをどう最終的に集約しているのか、この際なのであれこれ徹底的に調べてはみたものの、その実態はほとんど見えてきませんでした。

そもそも調査会社が、自らの手の内を見せるわけもないのですが、それ本当に全部アンタたち乗って調べているの？　と首を傾げたくなる調査結果も。搭乗客のアンケート調査の寄せ集めだけで正確な格付けなんて無理ですし、価値観がバラバラな搭乗客の声をどう集計処理しているのか、この会社の格付け方法に対する疑問は尽きません。

ちなみに、かなり頻繁に……というか**異常とも言われるほど**飛行機に乗っている私ですが、過去に1度もスカイトラックス社のアンケートに答えた経験はありません。

日本人は人気のレストランガイドブックに限らず、すべてのジャンルで格付け、ランキング結果を鵜呑みにする傾向が強く、これは一番美味しいなどともっともらしい発表を見聞きすれば、ほとんど疑うことさえなく、自分で食べる前から、もうこれは絶対に美味しいと勝手に刷り込みを始めてしまいます。あまりにも主体性のない国民性ゆえ、高齢になると、**あの手この手で騙されて**無駄な出費を強いられてしまっています。

調査会社の高評価の格付け、特に最高峰のファイブスターなんて、航空会社や空港にとっては大変な栄誉かもしれませんが、まぁ、褒められないよりは褒められたほうがいい、程度に思っておいたほうがよいのではないでしょうか。

これがたとえば、ベストジーニスト賞のようなチャラい位置付けだとしたら、浮かれていたり、誇らしげにPRに使うでしょうか。権威的なものをありがたがったり、客の前で喜びを分かち合っている姿は、はたで見ていて**凋落の兆し**であったり、嫌な予感が漂ってきます。評価はもう少し謙虚に捉えないとと、なぜ気が付かないのでしょう。

おもてなしという大変よい響きの日本語が、例の五輪の「おもてなし」プレゼンから時間が経つにつれ、使い古された感を帯びてしまい、何が本当のおもてなしなのか、よくわからなくなってしまっている現状が、日本のそこかしこにあります。

記号化しにくいサービスの事象を、数値化したり、格付けしたり、表彰したりすることには、異を唱えたいです。調査員などの人目に付きやすいサービス向上よりも、真のおもてなしとはなにか、個々に自問を繰り返すことではありませんかね。本当のおもてなしというのは、実は**目に見えないことばかり**なんですがね。

以前、自動車会社のデザイン部門に勤務していた頃、「日本カーオブザイヤー」の選考委員たちの評価や選考過程が開けっぴろげで、逆に自動車会社側では、誰それに媚びれば自社の評価が上がるかということを、各社とも真剣に考えていました。

もはや、カーオブザイヤー受賞車が売れるという時代ではなくなりましたが、たぶん今でもそういうことに力を注いでいる部署はあるでしょう。手なづけておけば悪いことは書かないし、場合によっては向こうから**餌を欲しがる**ということもあります。

日本に真のジャーナリズムが根付かない理由は、島国だから。表向きには馴れ合って、影でコソコソという風土から脱却できないでいます。ジャーナリスト、評論家も、なにかしら餌を与えられている時点で、公平なジャッジは期待できません。餌を欲しがるタカリ、ダニ体質がしみついていています。いいことは書いても、悪いことは書かないか、ごにょごにょっとごまかす程度という、**御用聞きの三河屋**のような存在でしょう。

人との信頼関係は、他人の格付けから推測されたり、得られるものではありません。

私にも、のど飴ください

「絵はがきかなにか、あとキャンディーとかもらえますか？」と言う客は、飛行機に乗っていると必ず見かけます。エコノミー席の客が何を言い出すのやら、とも思えますが、閉鎖空間ゆえの退屈しのぎか。飴ちゃんくらいは申し出たらあげるからねと、**機内誌の隅っこ**にも書いてありますから、しょうがないことです。私も「エト袋（吐いてしまう時に使う袋）を、もう1枚」とか「のど黒飴だけ何個か頂けますか？」などと、つい口をついて出てきます。

でも、それっておかしな話ですよね。鉄道に乗って、グリーン席でもなんでもない普通車にただ座っていて、車掌が回って来たところを捕まえて「飴ちゃん持って来てください」は、さすがにないでしょう。そんなこと言ったら、**車掌、キレますわな。**

「飛行機が客を甘やかし過ぎているのか鉄道が厳し過ぎるのかはさておき、ここで気になるのは「キャンディーもらえますか？」が、ジワジワ連鎖する恐ろしさです。「CAさんに言えばタダでもらえるみたい」「お隣にだけなんてズルイ」とか、よくわからない理由で、あれもこれも要求する客が続出しだす光景に出くわしました。

私の隣に座っていた、フツーの紺のスーツを着た係長クラスのおじさんが、ピンポン押してCAさんを呼んで「ゴホン、ゴホン、ちょっとのど飴かなんかくれる？」と、まわりに響き渡る声量で言い放った直後、CAさんが、飴玉を小袋に詰めたものを前方から持って戻って来た際、その動線に合わせるように、まわりの客のほとんどが**CAさんをガン見。**中には、通り過ぎたあと、中腰になって後ろまで振り向き視線を注ぐ人も。なにをそんなに、飴ちゃんごときにと思いきや、おじさんが「あー、どーもどーも、悪いね。ありがとう」と言い放った直後、機内で**同時多発的にピンポン**が鳴る始末。

「あー、あのー私にも飴ください」「のどがガラガラするんで、のど飴多めで」とか、理由なんか別に言わなくてもいいのに、少しずつ要求をエスカレートさせていく客たち。**たった今搭乗中の、**羽田―札幌の機内で起こっている出来事です。

ホテル修行への道

鉄道→飛行機と来て、次にホテルに手を伸ばす方がおります。

ん？　ホテルは乗りものじゃないぞ、と思う方、間違ってません、それで**正しいです。**

乗りもの系の行き着く先は、飛行機、それも旅客機、定期運行している航空会社の便に乗れれば十分と思っている私です。セスナ機をチャーターして調布飛行場から都内上空を遊覧飛行したいとか、何千万円も払って宇宙旅行へ行ってみたいとか、**月に槍を刺しに行ってみたい**とか、そういう願望は微塵もありません。

乗りものではありませんが、航空会社の上級会員のようなステイタスを設定しているジャンルが存在します。いわゆる「お得意様」と言われる囲い込みを、昔からやっているところです。老舗百貨店、クレジットカード会社、そしてホテル。私は、**生きとし生けるものは差別が大前提であり、**平等を目指したり差別をなくすとなどと唱えるよりも、自分たちは被差別者であり、また同時に差別者でもあるという自覚がないといけないと思っています。

一流ホテルで、謎のプログラムを駆使して、タダ同然でスイートルームに何泊もしている、これまた飛行機の中で運命的に知り合ってしまった**「スーパーのりひこさん3号」**の話を聞くと、「そうか、飛行機↓ホテルという選択もありなのか」と、元鉄道ファンの私でも、ジワジワ納得してしまうのでした。

お金持ち風が、際限なく出費して航空会社のダイヤモンドステイタスを取得、それを自慢気にまわりにひけらかしているのは、はたで見ていて恥ずかしいです。そういう方に遭遇する機会があると、どうぞご自由にどうぞご自由に……と、心の中で**念仏のように唱えています。**上級会員のステイタスを、年間ほどほどの出費で達成、余力で何十泊か同一ホテルチェーンに宿泊して、ホテルの上級会員資格を目指すくらいが、私にとっては身の丈レベルかなと思っていました。

ですが、最近流行のホテルの予約サイトでは、クラブフロアや、ラウンジエントリーが可能な一流ホテルの部屋が、価格破壊サイトで廉価で提供されたりするようになり、一概に、どうしても上級ステイタス持ちでなければならないという縛りは薄れつつあるように思います。大阪の有名な5つ星クラスのホテルのセミスイートルームが、近くの**小汚いビジネスホテル**とほとんど同額で出ていて、勢い予約を入れて泊まってみたところ、なにかの間違いかというほど眺めのいいセミスイートルームに通され、フルーツバスケットもてんこ盛り、冷蔵庫の飲みものも自由に飲み放題と、まさに至れり尽くせり。ホテル修行をしている方たちに対して、正直申し訳ないと思うほどの待遇でした。

そういう部屋が、たまたま、その日にキャンセルが出たとか、たぶんそんな理由でしかないのでしょう。いつでも泊まれるわけではありませんが、ホテル修行をしなくてもそのクラスの部屋に泊まれると知ってしまうと、なんだかなぁ〜と思ってしまいます。

デンマーク、コペンハーゲン郊外の元領主のお城だったという堂々5つ星のホテル。2階分の吹き抜けとなった高い天井からゴージャスなシャンデリアが下がるエントランスラウンジ、地下に完全予約制のプライベートプールなどもある、設備の整ったこのホテル。これがまた日本のビジネスホテル並みの料金だったので、調子に乗って予約してみたら、掲載写真には一切なかった別館の、**馬小屋を改築した部屋**だったとかいうこともありますので、自衛する必要もありますがね。

あまり公になっていませんが、ステイタスマッチと言って、あるホテルチェーンの上級会員が、別のホテルチェーンに一定の期間に何十泊かすると、上級会員として迎えてくれるという制度があります。ご贔屓だったホテルのオペレーションに不満を抱く出来事や、サービスクオリティに納得できなければ、その理由を、利用頻度の少なかったホテルチェーンに直接ぶつけ、今後そちらを定宿としたい旨を伝えることで、規定の回数よりも少ない宿泊数で、その年のステイタスを手に入れることが可能という制度です。

ただし、もともと、まずは最上級のステイタス持ちになっていなければそういうことはできませんので、最初はホテルにただひたすら泊まり続ける修行が必要になるのは言うまでもありません。インターコンチネンタル、マリオット、ヒルトン、シェラトンクラスのホテルを、年がら年じゅう泊まり歩くような方が対象です。携帯電話各社間で行われているナンバーポータビリティーのような制度ではありませんので、念のため。

最近は稀になりましたが、ターゲットプロモーションで、航空会社間、航空アライアンス間でも同様のプログラムが実施されることがあります。それは**選ばれし人にしか**声がかからない、いろいろな特典が付いたラッキーなご案内であることが多いので、受け取った案内状はゴミ箱にすぐポイせずに、じっくり条件内容に目を通すことをオススメいたします。ターゲットプロモーションというのは、サイトなどにはその実施要領などは一切公表されず「あなただけへの特典です！」と、名指してインビテーションが届くものです。**怪しいですよね、**今の世の中では。「私にこんなものが届きましたー」と掲示板に書き込むと、一発でバレバレになり拡散するというのも今のご時世です。

こういった、わけありでのステイタス取得の場合、正規の基準でなった場合とでは、サービスクオリティや会員資格期間などで差が生じるかというと、ほとんどないようです。莫大な資産がある本当のお金持ちと、**なんちゃってお金持ち風**では、扱いに歴然とした差が生じるかと言えば実はそうでもない。ロイヤルアンバサダーなどのステイタスを取得し、貯めたポイントで1泊何十万円のスイートルームを数千円の出費で泊ってしまうという荒技を、前述の「スーパーのりひこさん3号」は日々やってのけています。

年度末になると、彼自身のステイタス維持のために「一緒に泊まりに行きましょう」というお誘いを受けます。私はその体型からか、よく**そういう趣味嗜好**に間違えられやすいのですが、そうではありません。もちろん、ホイホイ喜んでついていくのですが、チェックインは、ロビーではなくクラブフロアへ直接ご案内。

眺めのいい最上階のクラブラウンジに通され、バーテンダーからカクテルを作ってもらい、見たこともない食材を使ったオードブルをつまみます。屋上のプールも堪能させて頂き、キングサイズのふかふかベッドで大いびき。うーん、なんて贅沢な気分。そのうち、あなたはだんだんホテル修行をしたくなるホテル修行をしたくなる……。

飛行機は飛んでも、**ホテルは飛びません。**私には、やはり、無縁のホテル修行です。

飛行機のなかった暮らし

小学生の頃の成績は、言い方悪いですけど、まぁ自分のことなので誰も咎めないと思いますが、ハッキリ言って、バカでしたね。しかしながら完全なバカかと言うと、意外にそうではなく、小学校の担任からバカと烙印押されまくり、なりゆき上、バカ認定を受けた感じでした。小学2年生から4年生の3年間、高齢で独身の女性の担任に当たりました。この女性教師こそが、純朴で素直だった私のなにもかもを否定し続けてくれたおかげで、今の飛行機好きな自分があるという結論に至りました。現在、石垣空港の離陸前。楽しい長距離フライトを満喫しようと思いつつも、自らの暗黒史を紐解くつらさ。

同じ顔ぶれで3年生に進級した際、女性担任は唐突にこう切り出しました。

「今日から、男の子も女の子も、さんづけで呼び合うことにします。男の子同士でも○

○○くんと呼んではいけません。女の子も、男の子を○○くんと呼んではいけませんよ」

教室では動揺が広がりました。男女平等的な話の主旨を説明したことまでは記憶にあるのですが、それは3年生の児童には理解できるものではありませんでした。

「もし、呼び捨てとか、くんづけで呼んだりした人がいたら、先生に知らせましょう」

この担任、**隣国の密告制度**並みに、通報、タレコミを奨励するあたりがいやらしかった。これまでどおり、普通に友だちと接している中で、つい、「お～い○○～、消しゴム貸して～」とか小声で発しただけで、まわりの女の子たちからは、

「山元さんが、また友だちのことを呼び捨てにしてました、先生～」

などとチクられるようになりました。結局、教室内の取り締まりだけではなく、学校の外で遊んでいる時のことであっても、翌日担任に密告する友人が出てきたり。あっという間に、規律を守らない、先生の言うことを全然聞かない、しょーもない山元**さん**になり下がっていってしまいました。ほとんど**北朝鮮**のような環境でした。

とにかく明るかった山元の性格が、初めて疑心暗鬼方向に舵が取られたのはその頃で

す。参観日、保護者会のプリントを家に持ち帰るのが苦痛でしかたがありませんでした。ことさら、うちの両親に対して、決まりが守れないなどと強調していたのです。家に両親が戻ってくるなり、直ちに激しく糾弾されました。

私が生まれて初めて空港に行った記憶は、小学4年生の社会科見学。札幌丘珠《おかだま》空港でした。金網越しに、遠く離れたところに駐機していた飛行機を眺めたというのが最初の記憶です。1時間近く空港にいたのですが、離発着は1度も見ることができませんでした。まぁ、そこでも、その女性担任から、友だちを呼び捨てにしたとか、ふざけていたとかで、こっぴどく叱られた記憶が焼き付いています。楽しみにしていた社会科見学、しかも空港見学が、見事なまでにまったく楽しくなくなってしまいました。

帰り際、バスに乗る前に「あなたひとりのせいで、まわりの全員に迷惑をかけたのだから、ここでみんなに謝りなさい」と。金網フェンスの脇で、です。山元さんがちゃんと行動できていなかったから、せっかく空港まで来たのに動いてる飛行機を見ることができなかったというようなことも言われ、まわりの友人も担任に同調していました。

見学をしたあと、学校へ戻ってのグループ研究発表の際にも、図鑑に載っていた飛行機の絵を模造紙に丁寧にマジックインキで描く係になっていたのですが、

「山元さん、こんな大きな飛行機は丘珠空港にはいませんでしたよね。ウソを描いてはいけません。山元さんがひとりで勝手なことさえしていなければ、もっと社会科見学は楽しものになっていたはずですね。そうですよね、みなさん」**パチパチパチ……**。

空港に行くという行為、飛行機を見に行くという行為、飛行機の絵を描くという行為まで、すべてを担任から否定されました。ですからその後、飛行機なんて好きになることはありませんでしたし、休みの日に親に空港へ連れて行ってほしいと言うとか、1度もありませんでした。既に、札幌の市電、ゴムタイヤの地下鉄、国鉄の特急列車などに傾倒していた鉄道ファンでしたから、そこから航空ファンへ転向するという機会もありませんでした。あれからほぼ40年、**飛行機のなかった暮らし**がずっと続いていたのですが、どうしたことかこのありさまです。女性担任に感謝したほうがよいかしら？

ノルウェイの森進一

おふくろさんよ、おふくろさん、空を見上げりゃ、空にある。1年の計は元旦にある。お正月にはおせち料理がある。空港には飛行機がある。パスポートがあるから飛行機に乗る。その前に、ラウンジに寄る。**振り袖姿のグラホさん**がいる。お屠蘇がある。

テロの影響で、2016年お正月に予定していたフランス旅行を取りやめた友人の話を聞いた瞬間、もしかしてこれから航空券が一気に安くなるのだなという予測はつきました。お正月前後の運賃表を見ると、年末休みに入った瞬間以外、冬場のヨーロッパは底値。1カ所行くのも、どこかを経由していくのも、せいぜい1万円しか違いません。羽田と成田からヨーロッパ各都市ごとの運賃で調べてみると、やはりというか、どの路線も空席が目立っていて、もっとも安くなっていたのは予想どおりパリ線でした。

パリの街並み、カルチャーは大好きですが、それ以上に飛行機好きとしては、パリ、シャル・ル・ド・ゴール空港を経由して、**さらに乗れる**スケジュールを考えてみました。

毎年、成人式を始め、各地で新年の集いがあるように、公認サンタクロースの世界にも新年の集まりというものがあります。場所は、ノルウェーのサバレンという、**サンタクロースの虎の穴**とも言うべき秘密の森の中。こうやって、なんでも**あけすけ**に書いてしまっていますが、公認サンタクロースは、夢と現実をほどよくミックスしてお届けするというミッションも担っていますので、**まぁ、このまま**続けたいと思います。

この集まり、ノルウェー語を直訳すると「ノルウェー王国サンタクロース協会年次総会」という日本語になります。実は、10年以上前からそのサバレンというエリアを毎年お正月に訪ねていたのですが、パラダイス家的に見て、年末ありえないほどスケジュールを詰め過ぎ、クリスマスは家族団らんの時間です、などと自分で言っておきながら、もはやその実情は**真逆の状態**であるのはかなり深刻な問題でした。

さらに開けて新年、年賀状のチェックもせず元旦の早朝に、サンタクロースの衣装持参で出かけて行って半月近くも帰って来ないというのは、いくらなんでもこれは**サンタクロースの精神に反する**のではないかと自問自答した結果、あれこれ理由を付けて行くのをやめてしまいました。

7月にデンマークの首都コペンハーゲンで開催される「世界サンタクロース会議」は、公認サンタクロースである以上、毎年の参加が義務付けられています。しかし、このノルウェーで開催される集会は、あくまでもクリスマス終了後のサンタさんたちの慰労会的な位置付けなので、出席が強制されているわけではありません。でも、何年も連続して行かないでいると、ノルウェーの公認サンタさんたちから「具合でも悪いのか」「ノルウェーのことが嫌いになったのか」などと糾問されまくってしまうので、やっぱりたまには**行かねばの娘**、と思うようになってしまいます。

実にそのあたりの距離感が、公認サンタクロース**19年目**の私としてはかなり大事なことと感じていて、各国の公認サンタさんとの交流をどうバランスよく発展させられるかが、次なるステップと感じています。

SNSの自動翻訳が発達して、日本語で書き綴った、日本国内、さらに海外へ出かけた日々のあれこれまで、世界の公認サンタさんが目を通す時代を迎えました。1年に数回しか会わない関係だった頃にはなかった、常時、発言や行動をチェックされていると感じることが多くなりました。なにか問題が起こる原因はというと、自動翻訳機能の甘さです。日本語⇅英語ももちろんいまだに完璧とはほど遠い状況ですが、日本語⇅ノルウェー語、デンマーク語、スウェーデン語に至っては、**悪意ある文章創作機能**が働いているかのような状況で、世界サンタクロース会議が開かれるデンマークのコペンハーゲンに、ロンドン経由で行って、マイル、ポイントがいくら貯まりました、みたいなことをいつもの調子で書いていると、

「Youは、なにしにデンマークへ？　やる気あんの？　サンタ会議とマイル貯めるのと、どっちが大事なの？」

という、ケンカ売られているようなメッセージが届いてギクッとすることがあります。もう少しマトモな翻訳機能が開発されることを切に願います。

ノルウェーへ行くためには、直行便がないのがミソです。たまに、スカンジナビア航空が、成田から、フィヨルドが美しいと言われるトロムソ行きの直行便を飛ばしたりしていますが、首都オスロへ寄ることはありません。ノルウェーの印象って、**ノルウェーサーモン**ぐらいで、ノルウェーの俳優、女優さんの名前なんてひとりも知りませんし、観光地だって**フィヨルド以外にじゃあなにがあるの**と、日本人のほとんどは、ノルウェーは観光地としては興味の対象外だと思います。

あっ、そう言えば画家のムンクがいました。とは言え、ムンクの代表作「叫び」を見るためだけにノルウェーに行こうなどと思い立つ人は稀でしょう。しかし、北欧を転々としているパラダイス山元が、乗りもの好き、デザイン、アートに興味がある方にとって一番のオススメな国はノルウェーであると、この際断言いたします。

なんと言っても、首都オスロのガーデエモン空港を降り立つと、案内サインなどは、デンマークのコペンハーゲン・カストロップ空港と同じ、ブラック＆イエローの、**ズバリ北欧**みたいなムードがプンプンするデザインで、初めて訪れたらクラクラします。

空港建築も、木のぬくもりと鉄骨がイイ感じで融合しています。日本で例に挙げるなら、女満別空港が何十倍にも巨大になった感じです。私が個人的に大好きなのは、ガーデエモン空港の管制塔のデザイン。羽田空港のような３６０度どこから見てもシンメトリーなカタチではなく、なんか後付けで増築していったようないびつさが、逆にとても新鮮です。パッと見た目に、**ツリーハウス**のようなデザインです。

ガーデエモン空港の敷地内には、スカンジナビア航空のＳＡＳミュージアムがあります。イイ感じで少しヤレた展示物が、日本人が北欧と聞いて**すぐに頭に浮かべるモロなものばかり、といっても別にエロいものではありませんが、**それは行ってのお楽しみ。

空港ターミナルの到着口からは滑走路を挟んで反対側。徒歩移動はたぶん無理なので路線バス、さらに冬季は、週末しかオープンしていませんから事前にチェックを。

空港からは、ノルウェー鉄道に乗ってオスロ中央駅へ向かいます。ほんの数分の差で倍近くも運賃が違う、先頭の形状が**カピバラ**のようなエアポートエクスプレス「フライトーゲ」に乗るのはやめておきましょう。ローカルトレインのほうがデザインもかっこよくて、なにより安いです。ノルウェー鉄道は、ノルウェーの国鉄を1996年に特殊会社化したものですが、とにかくデザインセンスがハートに刺さりまくります。

日本の国鉄が民営化したあと、デザインがひどくなり過ぎて鉄道ファンをやめたと『パラダイス山元の飛行機の乗り方』で告白しました。日本のJRが、ノルウェー鉄道のようにデザイン重視で変革していたら、それにつられて、周辺環境のデザイン、ひいては日本人自身のデザインセンスもよくなっていったであろうにと、**憂うばかり**です。

パブリックデザインの分野は、国としても本当は一番大事なことなんですが、美大卒でどんなに優秀な人材であろうとも、東大卒の官僚のセンスのほうが優先されてしまうという構図は、いつまで続くのでしょうね、この日本。

市内にトラムが走っている都市は、スウェーデンの首都・ストックホルム、イェーテボリ、フィンランドの首都・ヘルシンキなどいくつもありますが、路線網、カーブ、高低差、デザインの美しさなど、総合評価でオスロのトラムは最高点だと断言します。一見、水色のカラーリングで統一されているので気が付きにくいのですが、2両編成、3両編成、レトロな車両も現役で走っていて楽しめます。もう鉄道ファンではないのですが……。

朝夕のラッシュ時は、数珠つなぎになります。市内を走る連結バスも、交差点を右折左折するたび、ぐにょぐにょとアコーディオンの蛇腹のように動き、**連結部マニア**としては、いてもたってもいられなくなります。やっぱり、いまだ鉄分多めです……。

おすすめポイントは、オスロ駅直結のスカンディックホテルのレストラン。トラムが平面十字交差しているところを見下ろせる、「**タモリ倶楽部**」**的には**トレインビューの特等席。せっかくなら、朝食付きでホテルに泊まっていれば、そこから朝のラッシュ時、バスもトラムも入り乱れての往来を存分に楽しむことができます。

公共交通機関ではありませんが、1994年冬季五輪が開催されたリレハンメルのボブスレーコースのボブスレーが、これまで私が乗ったことのある中で、最も恐ろしい乗りものと言えます。当然、旅客機や、空を飛ぶトナカイのソリの比ではありません。もうただ**際限なく落っこちていく**恐怖。

全長1365m、標高差114m、コーナー数16、平均斜度85°。最高速度は時速90㎞前後と言うのですが、実感としてはその何倍もの速さと感じます。カーブのたびに左右へ体重のバランスを取らないと、体がきついです。実際、乗り終わったあと、半日くらいは首のあたりに違和感を感じました。

とにかく、札幌五輪以来、自分で念願だったかどうかはわかりませんが、五輪の公式コースをボブスレーで滑走した経験というのは、がんばって何ヶ月も勉強し苦労して取得した割に**実際のところ**あまり役に立たない資格なんかよりずっと、経験値としては高いのではないかと思われます。

ボブスレーに実際触れるのも、もちろん乗るのも初めて。何か特別な訓練というのも1度も受けていないのに、心の準備も何もないままふらっと乗ってしまっての、**コンビニエンスな臨死体験**というのは、オススメです。ムンクの代表作、あの「叫び」そのものの顔になれます。自分では**観賞できない**ですがね。

リレハンメルへは、オスロ空港駅から電車で約2時間、リレハンメル駅からタクシーで約10分の距離です。もう1度言います。これまでどんな悪天候で激しい揺れだった飛行機よりも、富士急ハイランドの絶叫マシンよりも、確実に**一線を超えています。**妊娠中、心臓病、脊椎系の持病がある方以外、お金払えば、誰でも体験可能です。

冬場はもちろんボブスレー、雪がないシーズンには、滑車を付けたソリで滑走するそうなのですが、乗り心地はまた別ものらしく、今度は夏場に訪れてみようと思います。スタッフはとても丁寧で、かなりの強者揃いです。毎回、お客さんと一緒に先頭に乗らなければいけません。いったい1日に何回乗っているんでしょう。**過酷なお仕事世界一**かもしれません。訪れることがありましたら、日本の公認サンタクロース、パラダイス山元がよろしく言っていたとお伝えください。

おせっかいな話かもしれませんが、現在、日本国内には長野冬季五輪の際に整備されたコースが1ヶ所あるのみです。札幌のコースはとうに閉鎖。競技人口が極端に少ないからと言われてますが、施設を維持するのに毎年莫大な費用がかかっています。

それならば、このリレハンメル同様の施設にミニマムな予算を投下して改修し、日本で最も恐怖なアトラクションとなり再び脚光を浴びればいいと思います。しかし、五輪誘致から決定まで**ダークグレーな運営**をしてきている行政が、こういった新しいことに積極姿勢を取ることができるかどうかという1点だけでも、実現は無理かもしれません。やはりここは、**リレハンメルに行くしかない**かと。

飛行機と関係ない**鉄分過多**な話になってきましたが、**ノルウェイの森進一**、続けます。

この本を手にしている方で、「ヴィーゲラン」という名前をご存知の方は、ほぼいらっしゃらないと思います。そういう私も、噂には聞いていたものの、何度もノルウェーを訪れているのに、1度も行ったことがなかったのがヴィーゲラン彫刻公園。

ムンクと肩を並べる、ノルウェーを代表する彫刻家の作品が、広大な敷地の真ん中にたくさん展示されている公演がオスロ市内にあります。お土産屋さんに並んでいる絵葉書でしか見たことのない、通称「おこりんぼう」という、3歳児が**フルチン**で片足上げている作品しか知らなかったのですが、お正月でお店も閉まっているところが多かったので、マイナス10℃の中、オスロ駅から宮殿内の敷地を経由して、途中住宅街を30分ほどうねうねとがんばって歩いて公園に辿り着きました。

普段、30分も、しかもこんなに寒い中、絶対散歩したいとは思わないのに、不思議なもので、なぜか外国へ来ると健脚を発揮してしまう私。宮殿の庭の一角にはなぜかスキー場にあるスノーマシンが。宮殿裏手の大使館エリアでは庭に巨大なクリスマスツリーが輝いていたかと思えば、住宅街の一角では、家のリビングから撤収されたばかりのクリスマスツリーが山積みにされているゴミ置場があったりと、ノルウェーの生活様式を垣間見られて、目的地へ行く前からちょっとウキウキ楽しくなります。

ヴィーゲランという彫刻家の偉大なところは、彫刻を見る人すべてを絶対に笑顔にすること。そして、作品にタイトルが一切付いていないこと。作家自身の作品解説もしていない潔さ。あと、作品がすべて**全裸**です。日本なら、入場料大人1800円くらい取りそうな充実ぶりですが、これが無料。なんでそんなに日本円の力がないの？　と首を傾げたくなるほど、ノルウェーは日本よりも、ダブルスコアの物価高。日本のコンビニで1本130円のコーラが、ノルウェーでは300円近くにもなります。消費税25％というのも相当痛いです。それなのにここでは、膨大な作品が見られ、生涯頭から**こびりついて離れなくなる思い出**が、完全無料というのは素晴らし過ぎます。

卑劣なテロに屈することなく、元旦に羽田出発、往路パリ経由オスロ行き、復路デュッセルドルフ経由成田行きの正規割引航空券のお値段は、燃油サーチャージ、空港諸税込みで9万3500円でした。割引運賃のため、往復で3700プレミアムポイントしか付与されませんが、ダイヤモンドメンバーの基本マイル×130%の換算率+ボーナスマイルの合計1万5000マイルのリターンがありました。

上級会員の特典で、往復共に無償で、エコノミーからプレミアムエコノミーにアップグレード。元旦のスイートラウンジで振袖姿のグランドホステスさんからお屠蘇を注いで頂いたのと、お正月らしい煮物のお料理に舌鼓が打てたことに大満足でした。

本当は、特典国際航空券で、ファーストクラスで元旦フライト、機内でおせち料理が頂ければと考えてはみたのですが、**そんなことを考えている輩**は、意外にもたくさんおりまして、はるか1年ほど前から予約で満席になっています。

特典国際航空券発行計画は、355日前の午前9時までに復路の予定を立てた上で予約画面を突き進んでいかないと「**ノルウェイの森進一」アワード発券**は厳しいです。

「ス」の章

擬似ファーストクラスプレイ

ニューヨーク、ジョン・F・ケネディ空港から成田空港に到着して、入国手続きを済ませると日本食が恋しくなってしまいました。帰りのボーイング777ERのファーストクラスの機内で、アメリカのケータリング会社が、たぶん相当がんばって作ったであろう、美しく皿に盛られた西京焼きとか、CAさんが**お湯だけ注いであとからネギをぱらぱら**してくれた博多ラーメンを堪能したのではありますが、やはりアレを食べないと日本に帰ってきた気がしません。機内食で1度も出されたことのないもの、機内食で再現できないと言われているあの食べもの、なんだかわかりますか？　それは**餃子**です。

過去にビジネスクラスで、よくもこんなに不味いワインや不味過ぎる機内食があろうかとか、さらにはエコノミークラスで、プレートミールがなくなったからホイッcon

もあるだけマシだろと言わんばかりにカップラーメンにお湯入れてプラスチックのフォークを**フタにぶっ刺して**持ってきやがった、**中国国際航空**の機内でさえも餃子はお目にかかったことがありません。と言うか、それ以降乗る機会はありませんが。

餃子は、自分自身で**こねこねごにょごにょジュワーっと**作ったものが一番美味しいと思っていても、外出先でさささーっと食べられるお店にもつい飛び込んでしまうもの。帰国後、成田空港から一直線に向かった先は、「餃子の王将」京成成田駅前店。高級シャンパンの余韻と言うか、機内で飲みまくって悪酔いしているような状況であっても、ジョン・F・ケネディ空港からずっと食べると心に決めていた餃子の王将の餃子は、改札を出ると目と鼻の先です。しかし、フライト12時間半、シートを1度もフラットどころかリクライニングすらせず、背筋を伸ばし、ひたすら**直角で**食べ飲み続けていた私が欲していたのは、餃子ではなく**睡眠**、でした。

駅前のアパホテルに吸い込まれそうになりつつも通り過ぎ、国道方向に向かって、まるで**愛犬を連れて散歩**しているかのようにリモワのパイロットトロリーをコロコロしながら歩いていると、ありましたよ、なんだか快適そうな空間が。ダイヤモンド、サファイア、プラチナとかいうような会員間の差別というか種別もなにもなく、一見さんであっても**３３４円（税別）さえ払えば**立派な本会員になれる空間。それも、50歳以上なら入会金無料というシステム。いやー、無駄に歳とっていてヨカッター！

入店するなり入会手続きを済ませ、ひとり用の個室をアサインします。つい先ほどまで乗っていたあのファーストクラスの特別な空間より、さらに幅広のリクライニングチェア、数インチほど大きいであろうモニター画面。通路を往き来するＣＡさんと目が合って不用意に微笑みかけられてしまうくらいの中途半端な壁の高さではなく、天井部分が空いているだけのプライバシーがほぼ守られた完全な個室です。これなら全裸になっても平気そうです。もちろん、**なりませんでしたが。**

インターネットもつながりますから、ドアが閉まって離陸から水平飛行まで手持ち無沙汰ということもなく、椅子に座った瞬間からネットサーフィンし放題。空の上では決して見られない**あんな動画こんな動画**も見放題。棚のマンガも読み放題ジュース飲み放題ソフトクリームも食べ放題で、寝る暇なんかあったもんじゃありません。そうは言っても、仮眠しに来たのですから、ここはやはりリクライニングをほぼフラット状態にして横になりますと、ものの2分か3分で寝落ち完了です。

1、2時間仮眠をとったら、というか、まぁ長くても3時間ほどうとうとしたら餃子の王将へ向かおうと思っていたのが、恐ろしいことに爆睡すること5時間半。**睡眠時無呼吸症候群**で突然ハッ！　と目が覚めたり、**尿路結石排出**のため大量に水を飲んでいてしばしばトイレに起きたりする私が、1度も目を覚ますことなく寝続けているとは、**擬似ファーストクラスプレイ**恐るべし。

漫喫のひとり用個室はファーストクラスに見事勝利。機内サービスが一切ないのも、かえって、煩わしさや監視されている気配がなく、よいとも思えてきました。サービスを大幅に簡素化、割引料金のファーストクラスも設定されるとよい気がしてきました。

パスポートの残り1ページ

2016年、私のパスポートが10年目を迎え更新時期が近付いてきました。出入国印が押せるページはあと49ページのみと、1ページしか残っていません。ビザを貼ったらおしまいです。意外にも今回は増刷していません。シンガポールタッチを繰り返しちゃっても**入国しないでまたすぐ**帰ってくるので、スタンプが押されないからです。

最後の50ページには、日本国自動化ゲート利用希望者登録済のスタンプと、キルギスへ行った際のマナス空港の出入国印が押されています。なんで、こんな一番後ろのページに押すんだよ、まったく、という感じ。嫌ですよね、こういう押され方って。

そう言えば、マナス空港に降りた時は、かなりナーバスになりました。ソ連から分離独立した国なのに、アフガニスタンにおける対テロ戦争支援の拠点として、米空軍基地があるという矛盾。手荷物受取の前に、私服の誰だかまったくわからない人から「パスポートを出せ」と言われて、「ノー、ノー」とか言って結構激しく抵抗したのに、少し離れて壁際にいた自動小銃を構えた軍人が、あれよあれよという間にどやどやとやってきて完全包囲。このまま抵抗し続けると、この場で蜂の巣になると察知、おとなしくパスポートを渡してしまいました。

なんなんだこの国は。あっ、そう言えば、キルギス政府から招待を受けての公認サンタクロースの公式訪問だというのに、どういう歓迎ぶりなんだよ、と。成田からトルコ航空でイスタンブールにて乗り継ぎ、がんばってここまで自腹でビジネス特典国際航空券なのでしたが、わざわざやって来て、もう泣きたくなってしまいました。

手荷物を自分でピックアップすることさえ許されず、どやどやと外まで連れ出されると、パトカーが2台待ち構えています。

「悪いことなんもしてねーよー、もう本当に、助けてくれー、ホッホッホー！」

観念して、自らの足取りをパトカーに向け進んで行くと、

「そっちじゃない、こっちだ！」

みたいなことを言われ、パトカーの後ろのバスに乗れというのです。乗ってはみたものの、歓迎ムードはありません。キルギスまで来て**モニタリングかよ、**という感じ。動き始めると、前の2台のパトカーはこのバスの先導をしているではありませんか。もう、待遇がいいんだか悪いんだかよくわからないまま歓迎行事に駆り出され、世界各国から集まった公認サンタクロースたちと合流しました。

宿泊先から1歩出るのにSPが付く厳重警護ぶりに緊張しっぱなし。結局、滞在4日間、出国するまで政府関係者にパスポートを預かられっぱなしというちょっとコワイ目に遭いました。

パスポートには、フランスの就労ビザ、ロシア入国ビザ、インド入国ビザが2枚、貼られています。フランスの就労ビザは、東京パノラママンボボーイズのパリ公演、リヨン公演、それにニーム美術館でのマン盆栽展開催時のもの。マンボで踊るフランス人に向かって、**楽曲「パチンコ」**を演奏しつつ「横田めぐみさんを今すぐ返せー！」と北朝鮮の拉致問題解決を絶叫して訴えました。その模様は、You Tubeに映像で残っています。

ロシアには、ブリヤート共和国の首都・ウランウデ市に、公認サンタクロース日本代表として親善訪問しに行ってほしいと姉妹都市である山形市から依頼され、フランクフルト、モスクワのドモジェドボ空港経由で、シベリア航空に乗って、日本に向かって**逆戻りするような航路**で行ってきました。

空港到着後は、キルギス共和国と同様、パトカー先導付きで、今度は共和国元首専用車での移動でした。マイナス35℃のバイカル湖へ行ったり、ロシア連邦ブリヤート国立アカデミックオペラバレエ劇場の舞台に立ったりと、こちらでも、予想すらできなかった、ずいぶん刺激的な時間を過ごさせて頂きました。

ブリヤート共和国と聞いても、どこだかさっぱりわからないでしょう。そういう私も、初めて聞くロシア語表記の地名ばかりで、終始戸惑いの連続でした。首都・ウランウデ市は、バイカル湖の東約75㎞に位置し、かつてシベリアに抑留され亡くなった日本人の墓地が点在している、実は日本と関係の深い地でした。そして、函館空港に、突如ソ連のベレンコ中尉が亡命し、あわや再び日露戦争が勃発するのではと一気に緊張が高まった、あの問題の戦闘機ミグ25の製造工場がある都市です。

ウランウデ市で開催される太陰暦の新年祝賀イベント「白い月のフェスティバル」に、公認サンタクロース日本代表を招きたいと山形市へ要望があり、市職員が慌てて私を探し出し連絡を取ったという経緯でした。ロシア側から見れば、小さい島国にひとりしかいない公認サンタクロースなんか、**同じ町に住んでいる人**ぐらいの印象で、すぐに見つかると思っていたと、あとで訪露した際にわかりました。大陸的思考です。

どこへ行っても熱烈歓迎、ロシア国営タス通信を始め、地元新聞などメディアも大挙して帯同する訪問になりました。実は、ブリヤート共和国へ行って、卒倒するほど驚いたことが何度もありました。ロシアと言っても、ほとんどの国民は**顔つきが日本人と一緒**なんです。中国人でも韓国人でもなく、日本人。そして、会うロシア人のほとんどが、日本人大好きなんです。日本人はと言うとロシア人の印象は……ですよね。

この訪露で、私は日本の教育がよからぬ方向に向かっていることを実感しました。北方領土問題は、日露の国家間で解決すべき最大の問題ですが、国家が国民に対して憎悪の感情を煽ってはいないか？　と。そんなわけで、**第2の鈴木宗男**とは呼ばれたくはないものの、民間外交を展開して帰国の途につきました。


もうひとつ驚いたことは、ある食べもののルーツに辿り着いたことです。私にとって奇跡が起こったかのような、予想だにしない展開が待ち受けていました。早朝にウランウデ空港に到着して、向かった先は市役所前で行われている雪像展示会場の特設ステージ。動員されたであろう、地元の幼稚園児や小学生が「ニッポン、ニッポン」と、**日の丸の小旗**を振っての歓迎ぶり。民族舞踊に始まり、演目は延々と途切れません。

極寒の中でお腹も空いてきて、「ランチはいつ？」と尋ねると、夜の歓迎晩餐会までごはんを食べる機会はないと言われてしまいました。そんなぁ……。

寒さと空腹で笑顔がこわばってきたのに気が付いた市の関係者が、私を舞台の中央から袖に手招きして「伝統的な庶民の食べものでもいいか？」と聞きます。「なんでもいいから、あったかいものを食べさせてくれ！」雪像と人混みをかき分け向かった先は、モンゴルの草原に同じものが建っているのをなにかで見たことがある円形のテント小屋。青いスカーフのようなシルクを首にかけられ、玄関で訪問を歓迎されます。簡素な内装ですが、しっかり暖房が効いていて、中へ入るなり**眼鏡が曇って**しまいました。

テーブルには、「これがブリヤートの伝統的な料理です」と、お皿に餃子が盛られています。なんで、**ブリヤート共和国まで来て餃子なの？** どうして、私が餃子好きと知っているの？ 疑問だらけで、ひと口かぶりつくと、ぷっしゃーと肉汁が飛び出る餃子そのものなのです。具材は、豚肉と玉ねぎ。三日月型のスタンダードなものや、小籠包のような形でてっぺんに穴が空いているものなど、いくつか種類がありました。

「これは、なんという食べもの？」

「ブーザ」

「ギョーザ？」

「ブーザ、ブーーザ、**ブーーーーーーーザ！**」

ロシア人にしつこく同じことを言うと、すぐ**キレられます。**クリル諸島問題とは関係ありません。餃子は、中国ではなく、ロシアのここ、ブリヤート共和国にルーツがありました。日本人捕虜のうち、ごく限られた者だけが食することができたブーザが、帰国したあと日本各地でギョーザとして広まりました。**中国は経由しただけで、ルーツはロシアだったのです。**ロシアには、他にもペリメニなど、ブーザからの派生料理が多く、焼き、茹で、蒸し、揚げと、結局滞在中は、ブーザばかり食べていました。


インドには、マクドナルドのインド版ビッグマック、ハラールマーク付きのチキンマハラジャが食べたくなって3回行きましたが、しばらくは遠慮しておくことにします。理由はまたいつかの機会に。使用機材が新しくなったら、出かけてみることにします。

一人前の飛行機乗りとは？

本当に用もないのに石垣空港へ、しかも日帰りで行くなどということは、家族であってもなかなか理解してもらえないというか、家族なら**なおのこと**「そんな無駄遣いはイケマセン」とたしなめられるのがオチ。ですが、私にとっては、疲れを癒す**リラクゼーションスペース**であり、そして同時に、搭乗から降機まで、起こりうるすべてのことがネタになる、集中して執筆に励める貴重な**ワーキングスペース**でもあります。

飛行機に乗っている時間が長ければ長いほど、こなせる仕事量も増えます。羽田―伊丹便などで、我先にと優先搭乗で飛行機に乗り込み、座席に座るや否や、鬼のような形相で黙々とパソコンのキーボードを連打しているビジネスマンに遭遇しますが、たぶん、会社内の自分のデスクなどでは集中できない人種なんだと思います。

飛行機に乗っている時間くらいボーッとして、コンソメスープでもすすりながら機内誌なんかめくっていればいいのに、とか思ってしまいますが、機内電子機器使用制限が緩和された現在、さらに猛烈に仕事がしたくなってきているようです。飛行時間に合わせて集中力を調整してみたり、着陸まで風船割りゲームのような切迫感を抱くことで、仕事のモチベーションを上げる効果を生みます。もちろん、この原稿も、福岡―羽田、クラスJで書いていています。ただいま、**大島上空を通過**、まもなく着陸態勢に入ります。

搭乗してても**なにもしない**のがいちばんの贅沢です。ファーストクラスで、美味しい機内食やお酒を頂くことも贅沢なことには違いありません。が、飛行機が離陸して着陸するまで、限りある**化石エネルギーを大量消費**しつつ、地球の重力に反発し地上から浮いているということだけで、それが**翼を持たない人間**としてこの上ない喜びであり贅沢な時間を過ごしている、と感じるようになって初めて、**「一人前の飛行機乗り」**です。

単独か、カップルか、タビトモさんとつるむも自由。飛行機のある暮らしに定義はありません。誰でも、飛行機に乗るだけで、そこに飛行機のある暮らしが**待っています。**

金子哲雄先生と行く妄想国際線

「パラダイスさん、上級会員って、どういうことなんですか？」

那覇空港を、スコールのような大雨の中、慌ただしく飛び立った飛行機は、揺れながら低空を飛び続けています。前のギャレーの装備が、揺れるたびに軋みます。この区間を飛ぶたび、熱い人と過ごした、濃厚な日々のことを思い出します。――――

2010年6月21日、昼の情報番組を見ていたら、舌っ足らずな割にオーバーアクションで、自分で分析した経済理論を盾に、お笑いでもなんでもないのに豪快に笑わせてくれるいいキャラクターがおりました。何気なく、携帯から、〈金子哲雄さんに会いたい。コワイもの見たさというより、**キモチ**……見たさから。口元がキュート〉などといういいかげんなツイートをしたところ、まったく面識がないにも関わらず、ご本人がすぐさま反応という、失礼過ぎるきっかけから、このご縁はスタートしました。

特異キャラで、当時バラエティ番組に引っ張りだこだった流通ジャーナリスト、金子哲雄先生。親友のテレンス・リーさんの出版記念パーティで、番組に一緒にレギュラー出演しているというご縁で、ついにお会いすることができました。その後、魅惑のベルベットボイス、DJ、ケイ・グラントさんとも合流して、蔓餃苑で餃子パーリーをしたのはそれから2週間も経たないうちでした。餃子を食べながら、テレビではさすがに話せない、さらにどうしようもないほど金子哲雄流な激安経済学を生で聞けて、みな腹をよじらせながら大笑いしていました。

「ボクのブリーフは、**妻と共用**なんです。だって洗濯機で洗って干したあと、私のブリーフと妻のパンティをいちいち仕分けする時間がもったいないでしょ。妻に楽をさせてあげたいんです」

真顔でそんなことを力説する金子先生。多少、奥様がかわいそうだな、とも思いましたが、そんな金子先生のファンにならないはずがありません。小さい頃からスーパーの折り込みチラシを比較分析して経済観念を磨いてきたという話や、年金生活者がスーパーに並んで98円の玉子を買いに行くからくりなど、ブリーフ兼用説以外も、なにもかも説得力がありました。さらに、先生の濃過ぎるビジュアルの相乗効果もありました。

そんな金子先生の目に留まったのは、蔓餃苑の壁に置かれていた、航空会社の焼印が押された1合枡が積み重なっているタワー。

「パラダイスさん、これは、どうやって手に入れられたものですか？」

「新規路線の初就航便に搭乗すると、鏡割りとかあって、その際にファーストクラスやビジネスクラスの搭乗客に配られたりするものなんです」

「パラダイスさん、こんなにたくさん初就航便とかに乗っているんですか？」

「ええ」

「**パラダイスさん**、それは趣味なんですか？」

「ええ」

「**パラダイスさん**、どのくらいかかりますか？」

「たとえば、成田―ミュンヘンの初就航便のファーストクラスでの往復は、普通運賃で200万円以上すると思いますが、私の場合、貯めた12万マイルと、それと別に空港税と燃油サーチャージとかが何万円かだけです」

「**パラダイスさん**、12万マイル貯めるのには、どくらいかかるのですか？」

「1マイル貯めるのに、フツーはクレジットカードでのショッピングで、100円で1マイルですから、単純に1200万円くらいの買い物ですかねｗ」

「えーーーーっ、**パラダイスさん**、そんなに買いものされるんですか？」

「いえ、していません」

「えー、どういうことですか、**パラダイスさん**、ちゃんと教えてください。飛行機に乗るのがなによりの楽しみなんです。どうかお願いします……」

「飛行機に乗るのがなによりの楽しみだというのならば、上級会員のステイタスも取られたらいいのに」

「**パラダイスさん**、上級会員って、どういうことなんですか？　**パラダイスさん**」

「200万円の年収で600万円の暮らしができる」と煽る著書を書かれていた金子先生から、私に対してマイルに関するあれこれを教えてくださいと懇願されるとは思ってもみませんでした。人一倍こまやかな気遣いができる金子先生の実像は、テレビで発揮される独特の語り口と変わりはなく、プライベートでも、目の前の私たちをいかに楽しませようかと、過剰なまでに**ネタを投下**、マシンガントークを炸裂させてくれます。

サシで話をしていると、ディープな分析が例の調子で延々と続きます。どんどん深くなっていっても、わかりやすく丁寧な説明が身上とわきまえておりますから、こちらとしても金子先生と対峙するには、マイルの貯め方、使い方、あとは餃子の包み方くらいしかお話しできることはありません。たまたま金子先生の目に留まった搭乗記念の枡の話題から、私と金子先生は一気に深い関係になりました。**肉体関係ではありません。**

金子先生は、講演の合間とか少しでも空いた時間ができると、頻繁に私に電話をかけてこられるようになりました。マイルのこと、上級会員取得のアドバイスなど、ディテールまで網羅して語り尽くしてあげました。とっくに知っていると思っていたことも、そのあたりが金子先生の守備範囲外だったとわかり、ちょっと意外な感じがしました。

でも、実に飲み込みも早く、さほど時間を空けずとも**金子哲雄流マイルの攻略本**なんかができるのではと、そんなことも頭に浮かびましたが、その時は、私からはあえて口には出しませんでした。

「新幹線に乗って講演会などに行ってはいけません。なにがあろうとも飛行機を使いましょう。そうです、先方で用意してくれた新幹線のグリーン券なら、迷わず窓口で払い戻すか、**駅前の大黒屋へ**持って行って換金して、自身で飛行機の割引チケットを買い直してください。絶対に新幹線に乗ってはいけません」

金子先生は従順なまでに忠実に、私の言うとおりの行動を取り始めました。

〈@mambon さま　おはようございます。神戸に到着しました！　そうなんです、朝一番の便はANAなので乗りたかったのですが、睡魔には勝てず、次のスカイマークに乗ってしまいました！　ああ、マイルがたまりません〉などというつぶやきには、猛烈に怒りのダメ出し返信をしてあげました。

そんなこんなで、プライベートマイルコンサルの甲斐があり、金子先生は翌年9月に**「プラチナ解脱」**を果たしました。

「せっかくだから、あと3ヶ月もあるので、ダイヤモンド修行までされたら？」

と説得したのですが、仕事上あまり飛行機に乗れないという事情らしく、

「えー、なんでまた新幹線なんかに乗っているんですか！　プラチナメンバーになった意味がまったくないじゃありませんか！」

などと一方的に叱責しまくっていました。電話の向こうで、

「パラダイスさん、ごめんなさいごめんなさい。本当に、申し訳ありませんです……」

金子先生はなにを考えているんだろう？　あれほど、12万マイル貯めたら特典航空券でファーストクラスを予約してニューヨークに行きたいと私に力説していたのに、ダメダメじゃん、こんなんじゃ、って。

しょっちゅう、電話やfacebookでやりとりしつつも、しばらくリアルに会っていなかった金子先生が、テレビでお見かけすると、いつが境かはわからないうちに、痩せてきているようでした。

「先生、私にも、その即効性のあるダイエット方法教えてください！」

今思うと、本当に、とんでもないことをぶつけてしまっていました。

「金子先生は、激安王ではなく、**激痩せ王**の本も出せそうですね、うらやましいです」だなんて、あまりに鈍感すぎることを、私はしつこく、何度も言い放ちました。

「パラダイスさん、テレビに出させて頂くと、お褒めの言葉を頂戴する反面、出演後に誹謗中傷メール等が50通以上送られることも、あります……」

などとつぶやく金子先生の本当の異変に、私はまったく気が付いていませんでした。

2012年5月15日の朝、たまには息子と一緒に出かけようと、相当前から予約を入れていた羽田空港の「ANA機体メンテナンスセンター見学」が、息子の都合が合わなくなり、キャンセルするのももったいないからと、思い付きで金子先生へメールすると、

「午前中、ちょっとお台場にて打ち合わせしていますが、11時30分頃に終わると思いますので、お電話させて頂きます！」

と返信があり、急遽「金子哲雄先生と行く激安（無料）機体工場見学ツアー」開催となりました。

数ヶ月前にお会いした時の表情とはうって変わって、本当に激痩せしていました。そして結構つらそうな咳をしていたので、

「体調悪そうなところを、急にお誘いしてしまい申し訳ありませんです。病院とかには行かれておりますか？」

「全然なんともないですよ。ちょっと最近、喉の奥の調子がよくなくて。あっ、風邪じゃないですからうつりませんのでご安心ください。パラダイスさん、本当にごめんなさいごめんなさい……ありがとうございます、お誘いくださいまして」
いつもどおりの**気遣いが炸裂**しておりました。

機体メンテナンスセンターへ行く前、国際線のファーストクラスのチェックインカウンターへ向かいました。これから塔乗するわけでもないのに、ファーストクラスチェックインカウンター前の赤絨毯を踏みしめて、勝手に写真を撮りまくったりしている**怪しい過ぎるふたり連れ**。私がダイヤモンドであることを知っているいつものグランドスタッフさんが、こちらに向かってニッコリ微笑んでくださったので、撮影は大丈夫かと。
「羽田発の国際線の就航機材が、ファーストクラスのないB787だけなのに、どうしてファーストクラス専用のチェックインカウンターがこうして開いているのでしょう？おわかりになりますか？」

「まったくわかりません。パラダイスさん、お願いですから僕にちゃんとわかるように教えてください」

「ダイヤモンドメンバーは、ファーストクラス専用チェックインカウンターを使えるのですよ。羽田発着便がビジネスクラスとエコノミークラスしかない機材を使っていても、ダイヤモンドメンバーのためにここは開けておかないということなんです」

「おぉーっ、そういうことなんですね、パラダイスさん。わかりましたわかりました！」

「今度、どこかへご一緒する時、また、このファーストクラス専用チェックインカウンターの赤絨毯を踏みしめましょう。スイートラウンジにも同伴ご招待いたしますので」

「えーっ、本当ですか。パラダイスさん、ぜひぜひお願いします」

「別に目的地が同じでなくても、当日ANA便の予約であればスイートラウンジには同伴入場が可能ですから、無理して私と一緒のスケジュールではなくていいので出発日だけでも教えてください。私は、同じ日に、**適当にシンガポールとかバンコクとか**に行って合わせますから」

「パラダイスさん、本当に本当に、なにからなにまでありがとうございます」

「まぁ、とりあえず、行けたらの話ではありますがね」


国際線ターミナルをあとにして、機体メンテナンスセンターまではタクシーで移動しました。最初、私が新整備場の駅の構造、場所、それから機体メンテナンス工場までの徒歩によるアプローチの面白さから、モノレールに乗って行くことを勧めたのですが、絶対タクシーで行きたいと金子先生は譲りませんでした。のちに知ることになるのですが、到着する前の段階で既に、相当きつかったのだと思われます。


たまたま客待ちの順番で、アルファードの黒塗りの個人タクシーに乗車しました。

「これ、あのタモリさんが乗っている仕様と同じですね」

「パラダイスさん、**地上滑走しかできないファーストクラス**ですね。いきなり、いいものに乗れましたねー。運転手さんには、まったく距離が稼げなくて大変申し訳ないですが、ありがとうございます」

機体メンテナンス工場へ到着した時、一般の見学者の中に、平日昼間にいる特殊な大人がふたり。マスクをしている金子先生ですが、私とのセットによって余計目立ちます。

「ほら、あの、昼の番組とかに出ている、あの人、ほら、あの激安スーパーとか案内しているあの人」

「あの、アーーーッとか、うっ！　とか叫んでいるあの人、ほら、あの人誰だっけ」

最初、講義室のような場所で数十分あれこれ、ステキなお姉さんによる解説があるのですが、最前列中央に座った我々の耳に入ってくる「あの人」呼ばわり攻撃で、ふたりで顔を見合わせ苦笑していました。

ヘルメットを装着して、機体メンテナンス工場へ入った直後、

「パラダイスさん、もっとメジャーにならないといけませんね」

「いえいえ、金子先生なんてしょっちゅうテレビに出ていて、これ以上のメジャーってなんなんですか？　金子先生の名前がスルッと出てくるためには、番組中、もっと名前のテロップを頻繁に出してもらうとか、右上に名前を出しっ放しにしてくださいと、ス

タッフに頼むより他ないんじゃないですかね？」

経済学のプロフェッショナルも、工場で飛行機を上から下からと様々な角度から見る体験は新鮮だったようで、子供のように喜んでいました。退役して、尾翼のANAのロゴが消され売却直前だった国際線仕様のA320、最後のご奉公をしていたB747、エアドゥのB767、という3機が格納庫でメンテナンスを受けており、間近に見ることができました。また、格納庫の外には、B747の政府専用機も駐機していて、工場見学的にみてもなかなかラッキーな日でした。

「パラダイスさん、政府専用機に乗るのには、どうしたらいいんですかね？　総理大臣になるしかありませんかね。あと官房長官とか？」

「随行の記者になって乗り込むというのはどうですかね。でも、ちゃんとお金取られるらしいですよ、通常の航空会社の料金から概算して」

「えー、パラダイスさん、タダじゃないんですね」

「この飛行機、そもそも国民の税金で購入して、税金使って飛ばしていますから」

「パラダイスさん、それはまったく知りませんでした」

「激安飛行機ではないです。あと、航空自衛隊に入隊するという手もありますね」

「なるほど、その手がありましたか、パラダイスさん」

「今から、金子先生が入隊できるはずがないじゃないですか。こうなったらあとは、治安情勢の悪い国にわざと出かけていって、非常事態になって**邦人退避勧告**とか出て、乗せてもらって帰ってくるとか」

「パラダイスさん、たしかに、そんな手もありかもしれませんね」

「いや、我々の場合、どう考えてもないと思いますよ、そんな目に遭うなんてことは」

たわいのない話だったのですが、思い返してみると一言一句深く印象に残っています。

後日、facebookに「**金子哲雄先生と行く妄想国際線**」とタイトルを付けたアルバムを作って写真をアップしたところ、

〈パラダイス山元さま　おはようございます。祝！　ＡＮＡシアトル直行便就航記念「パラダイス山元さんと行くボーイング社工場見学と海鮮料理食べ尽くしの旅」、そんなツアーがあったら、すぐに申し込むのですが！〉

などと、朝の5時前に書き込まれているではないですか。理由は教えてくれなかったのですが、今年はプラチナ止まり、しばらく飛行機での移動の予定はなさそうだということが、それからずっと私の心の中にひっかかっていました。

パラダイスさん、本日は、素晴らしく、楽しくて、わくわくする機会を頂戴しありがとうございました！

妻がfacebookを見ていたこともあり、

帰宅するや否や「あれ、パラダイスさんと、沖縄とか行ってたんでしょ！」

と言われ、ネタばらしをすると、大笑いしてました！

以下、本日の写真でございます。

よろしくご査収くださいませ。

パラダイスさんと「海外に行った気になったフォト」をfacebook上でシリーズ化できましたら幸いです！

急ぎメールにて。失礼いたします。

流通ジャーナリスト　金子哲雄

その後twitterでのやりとりも頻繁で、
〈パラダイス山元は常に財布に診察券とJAFの会員証とANAダイヤモンドメンバーカードを入れている。RT @GEKIYASUO 和田アキ子氏は常に財布にポチ袋を入れている〉と書くと、
〈@mambon さま　こんにちは。パラダイスさん、自分もANAダイヤモンドメンバーカードを常時、入れて歩き回りたいものです（涙）。プラチナとダイヤモンドの壁は高く、乗り越えるのが困難な城壁です！〉

と、すぐにジャブが返ってきました。

それからちょっと時間が経った頃、久しぶりに金子先生から直接電話があり、「パラダイスさんの餃子がどうしても食べたくなったのですが、ご都合が合えば、家に出張蔓餃苑お願いできませんでしょうか？　荻窪まで食べに行けないんです」

ひどく咳き込みながら、その後も、途切れ途切れでの会話でした。

「では、テレンス・リーさんとケイ・グラントさんと一緒に、お伺いいたしますね」

「マイルの件でも、お伺いしたいことと相談したいことがありますので、それもよろしくお願いしますね。では、これで、失礼させて頂きます」

何かを悟って、**一大決心**をしての依頼だったと気が付いたのは、電話を切った直後でした。真っ青になりました。

そして、出張蔓餃苑の日がやってきました。酸素吸入機が作動しているベッドの上で、金子先生は横たわりながら、自身の病気—肺カルチノイドのこと、これから自身に初めて起こることを、いつものように丁寧にわかりやすく私たちに語り始めました。もう、いつ天に召されてもおかしくないと医者から告げられているのだと。

「今、この時間こそが、僕の人生にとっての本当の、**ロスタイム**なんです」

病状が進行してから、私に内緒で、奥さまと一緒にニューヨークへ飛ばれたことを話し出された時は、

「本当に申し訳ありません、パラダイスさんになんの相談もなく、黙って勝手に行ってしまって。国内線の移動は、気圧の関係で極力搭乗を控えるように医者から言われていたんです。そういうことで、移動は新幹線だけになってしまっていたのです。ただ、この国際線は特別なフライトだったので、無理言って乗せてもらえたんです」

そういえば、羽田空港の機体メンテナンスセンターに行った時、次はシアトルご一緒しましょうと私に話していたことを、どうやらずっと気にされていたみたいでした。

「パラダイスさん、貯めたマイルのことなんですが……」

「奥様に、引き継げますよ」

「家族会員のスーパーフライヤーズメンバー資格の継続は？」

「あっ、それは盲点でした。ごめんなさい、こちらで調べてご連絡いたします」

クレジットカード会社か航空会社の担当者に聞けば教えてくれることも、あえてここは私から聞こうとしてくれていたことにも、気遣いというか、マイルに関しては信頼されているんだなと感じました。


金子先生はベッドの上で素足だったので、なにげなく足をさすってあげたところ、気持ちいいとおっしゃるので、テレンス・リーさんとケイ・グラントさんと交代で、両足を揉みほぐしてあげながら話を聞きました。

「葬儀の段取りも、あと東京タワーのすぐ近くの墓地の手配もすべて終わっているのですが、通夜の時の料理は、本当に美味しいものしか並べたくなくて、ケータリング会社のパンフレットをあれこれ取り寄せて、今、頭を悩ませているんです」

「それにしても、なぜ、東京タワーなんですか？」

「東京タワーは東京のどこからでも見えますよね。そう、パラダイスさん、飛行機の窓からも離着陸の際、よく見えますよね。東京タワーを目にするたび、ボクのことを思い出して頂けたらうれしいんですよ」

「もともとそのお寺の檀家とかだったんですか？」

「いえ、お寺の住職さんに私から事情を説明して、通夜、告別式も、そこでお願いすることに決まっています」

さらに、その時の車について、喪主になるであろう奥様が助手席に乗った時のことを考えると、サスペンションの具合が一番いいのはリンカーンのストレッチリムジンだそうで、私にもそれはどうなのかと尋ねられましたが、乗り心地がよいかどうかは私も経験したことがないので、知らないことには、

「申し訳ないけど答えられません、ごめんなさい」

と謝りました。

金子先生が少し楽になってきたところで私は、キッチンをお借りして餃子を包み始めました。初めてお会いしてからまだ2年、こちらから親友と呼ばせてもらうのはおこがましい存在でしたが、まさかこんな展開が待ち受けているとは。まったく想像すら及ばないことが現実に起こってしまっています。

どんどん痩せていく金子先生の姿を、何度も間近で接していたにもかかわらず、「金子先生の編み出した激痩せダイエット、本になる前に、先に私に教えてくださいよ」などと、何度も何度もよく言えたものだと。これほど相手への気遣いに長けた人に対して、これほど気遣いが下手クソな人間もいないと自らを嘆きました。

出張蔓餃苑では、自慢の逸品、**大葉入りクォーターパウンダー餃子**、**海老アボカド餃子**の2品を作り、召し上がって頂きました。喜んで頂けたことが、金子哲雄・著『僕の死に方 エンディングダイアリー500日』に丁寧に綴られています。

金子先生と奥様は、私たちのために、わざわざ、まぐろと甘エビのおつくりに、飲みものも、車を運転して来る私のことを想定して、全ビールメーカーのアルコールフリー製品を用意されている完璧さ。どこまでも、頭が下がる気遣いぶりでした。食後には、またベッドに横たわって、**妄想国際線**の続きを話しました。

「それにしてもダイヤモンドメンバーになりたかったです。パラダイスさんは、この先もずっとダイヤモンドを維持されるのですよね？」

「これは、暮らしであり、生き方なので、せいぜい**生きているうち**は、がんばってみたいと思います」

「とってもうらやましいです、本当に」

葬儀や墓の準備についての生々しい話を聞いてしまったあとなので、人生の幕引きに向けて、どういう生き方をしなければならないか「生き方」そのものを自分自身で決めるということの大切さに、私は**つい正直に**反応してしまいました。金子先生は、なぜ自分がこんな風になってしまったんだろうか、もっと長生きして、たくさん飛行機に乗りたかったと思っていたに違いありません。

パラダイス山元さま

こんにちは、金子哲雄です。

パラダイスさん、土曜日はロケのあとお疲れのところ、自宅に足を運んでくださりありがとうございました！

餃子。感動、感激、感謝の気持ちでいっぱいになりました！

ありがとうございました！

急ぎ、メールにて。失礼いたします。

流通ジャーナリスト　金子哲雄

出張蔓餃苑から3週間が経った日の深夜午前1時過ぎ、携帯に着信がありました。

「パラダイスさん、蔓餃苑の餃子、本当に美味しかったです。また食べたいんです。この前は、わざわざお越しくださいまして本当にありがとうございました」

「いつでも言ってくださいね。またお伺いさせて頂きますから」

「パラダイスさんのようなマイルが貯まるフライトではないんですが、**お先に失礼させて頂きます**。ありがとうございました。うれしかったです。ありがとうございました。それでは、失礼いたします」

時に激しく咳き込みながらの、正味1分間の会話でした。

これは、もしかして金子先生からの最後の電話かもしれない。苦悩を最後の最後まで表に出さず、相手を気遣う金子先生の精神力に感服しました。最後まで自分のことをプロデュースできるという人間の存在を強く認識しました。

電話があった翌々日の2012年10月2日、金子哲雄先生は永眠されました。

享年41歳。医者から余命0日と宣告されながら、奥様のことを思いやり、仕事関係、そして友人のことに常に気配りをされ続けた500日間の奮闘が、幕を閉じました。

――沖縄は大雨でしたが、機内アナウンスが、羽田周辺の天候は晴れと伝えています。羽田空港へ着陸するちょっと前、見えてきたのは、いつものオレンジ色ではなくピンク色に輝いている東京タワー。

羽田空港から荻窪まで、今日は遠回りして、浜崎橋から都心環状線の外回り経由で帰ることにしました。芝公園が近付くと、車窓に映るタワーの展望台には、「♡マーク」と「2015」が光っていました。

もうすぐクリスマスです。

金子先生、今日も今日とて、マイルとポイント、ちゃんと貯めてきましたよ。

天国からのディスパッチ業務、安全運航コントロールに、**感謝しておりますよ。**

おわりに――飽きるほど飛行機に

テロに屈してやいませんか。あと、テロは遠いよその国で起きていて、日本にいる限り、自分には及ばない無縁のことだと決め付けてはいませんか。

パリやトルコで、自爆テロなど卑劣な犯罪が発生しました。多数の死者やケガ人が出ている現状で、日本でじっとしていれば大丈夫みたいな感覚でいるかもしれませんが、それはどうでしょう。訪日外国人がうなぎ上りに増加している現状で、いくら日本の治安能力が世界一優秀であろうとも、テロリストを空港などの水際で完全に阻止することは不可能なことかもしれません。結局、世界じゅう、そして日本じゅう、どこにいても発生する確率は同じです。

お正月、パリへ1週間の旅行に行く予定だったけどキャンセルしてしまったというfacebookつながりの友人の書き込み見て、気分が悪くなりました。

テロなんかに屈してるんじゃないよっ！

人の往来など経済に直結するあらゆる行為を遮断し、社会全体を機能不全に陥らせようという、奴らの目的がこれほどまでにハッキリしているというのに、身の危険を感じて、とかで海外旅行はヤメたという根性のなさには呆れてしまいます。少なくとも、予約していたのなら、とりあえず行けよと。

言うは易し行うは西川きよし、と言うなら私が見本になろうと、元旦に羽田空港からパリ行きに搭乗。予想どおりというか、ビジネスクラスは閑古鳥。しかし、エコノミークラスは、予想に反しほぼ満席でした。

そう、それでいいんです。テロのおかげで、と言うのもさすがにははばかられますが、どこへ行くのも今は底値です。原油安で、燃油サーチャージも撤廃されました。今こそ飛ばない手はありません。

飽きるほど飛行機に乗りましょう。乗れば乗るほど魅力にハマって、そうそう飽きるものではありません。「飛行機のある暮らし」をするなら、**今です。**

パラダイス山元　ぱらだいす・やまもと

肩書は、ハイパーミリオンマイラー。
本業は、マンボミュージャン。
所属は、株式会社よしもとクリエイティブ・エージェンシー。
役職は、グリーンランド国際サンタクロース協会 日本代表。
前職は、富士重工業株式会社 技術本部 デザインセンター。
特技は、保安検査場で身体検査されずに通過すること。
信条は、貯めたマイルは裏切らない。
日課は、マイルをコツコツ貯めること。
趣味は、献血。
著書は、『パラダイス山元の飛行機の乗り方』
『読む餃子』『餃子のスヽメ』『餃子の王様 最強レシピ』
『ザ・マン盆栽』シリーズ、『サンタクロース公式ブック』
『お湯のグランプリ 〜誰も書けなかった入浴剤文化論』など。
CDは、「東京パノラママンボボーイズ完全盤」など。

twitter : mambon
facebook : mambonsai
Instagram : santa_paradise_yamamoto

文・写真：パラダイス山元
プロデュース・編集：石黒謙吾
デザイン：寄藤文平＋杉山健太郎（文平銀座）
イラスト：ソリマチアキラ
DTP：インフォルム
制作：ブルー・オレンジ・スタジアム

パラダイス山元の飛行機のある暮らし
年間最多搭乗1022回「ヒコーキの中の人」が贈る空の過ごし方

2016年4月21日　初版発行

著者：パラダイス山元
発行所：ダイヤモンド・ビッグ社
〒104-0032 東京都中央区八丁堀2-9-1
電話／03-3553-6634（編集）
編集担当：斎藤真史
発売元：ダイヤモンド社
〒150-8409 東京都渋谷区神宮前6-12-17
電話／03-5778-7240（販売）
印刷・製本：中央精版印刷

 ISBN:978-4-478-04784-2